ドイツ
ポーランド
チェコ
スロバキア
オーストリア
ハンガリー
ルーマニア
モルドバ
ベラルーシ
ナ
シュチェチン
ポモジェ
ホイニツェ
ヘウムノ
マズーリ
ビドゴシュチ
ノテチ川
ゴジュフ
トルン
ヴィスワ川
ヴァルタ川
ポズナニ
グニェズノ
プウォツク
ワルシャワ
ブク川
ナレフ川
ウォムジャ
ビャウィストク
ポドラシェ
グロドナ
スルーツク
ピンスク
プリピャチ川
トゥーロフ
ブレスト
シェドルツェ
マゾフシェ
コウォ
クロスノ
ナイセ川
オドラ川
レシノ
ヴィエルコポルスカ
プロスナ川
カリシュ
ウッジ(ウーチ)
グヴォグフ
シロンスク
レグニツァ
ヴロツワフ
ピリツァ川
ラドム
ルブリン
ヴィエプシ川
ヘウム
ポレシア
スティル川
ホリン川
スルーチ川
コロステニ
ヴォロティーミル
ルツク
チェンストホヴァ
マウォポルスカ
キェルツェ
サンドミシュ
ザモシチ
ブク川
ジトミル
ズデーテン山地
クウォツコ
オポレ
カトヴィツェ
クラクフ
チェシン
オシフィエンチム
ジェシュフ
タルヌフ
ヤロスワフ
プシェミシル
オストラヴァ
リヴィウ
ノヴィ・ソンチ
モラヴァ川
ブルノ
ヴィンニツァ
ヴァー川
カルパティア山脈
イヴァノフランキウシク
コシツェ
ウジホロド
ポジリシキー
ホティン
ウィーン
ブラチスラバ
ドナウ川
スチャヴァ
52°
48°
16°
20°
24°
28°

YAMAKAWA SELECTION

# ポーランド・バルト史 上

伊東孝之・井内敏夫 編

山川出版社

［カバー写真］

11世紀から17世紀初めまで，ポーランドにおける首都の王城の役割を果たしてきたクラクフのヴァヴェル城。ヴィスワ川に面する小高いヴァヴェルの丘にたち，現存する最古の建築遺跡は10世紀後半のものである。

# 山川セレクション『ポーランド・バルト史』への序文

本書は一九九八年に出版された山川出版社『新版　世界各国史』シリーズ第二〇巻、伊東孝之・井内敏夫・中井和夫編『ポーランド・ウクライナ・バルト史』のハンディ版である。ハンディ版は本書である伊東孝之・井内敏夫編『ポーランド・バルト史』(上・下)と、既刊の中井和夫著『ウクライナ・ベラルーシ史』の二つに分かれている。

最初の『世界各国史』シリーズは、一九六〇年に出版された第一三巻、梅田良忠編『東欧史』であった。この巻は一九七七年に矢田俊隆編『東欧史』として改訂された。その後、『新版　世界各国史』シリーズでは前掲の『ポーランド・ウクライナ・バルト史』と、一九九八年刊の柴宜弘編『バルカン史』(第一八巻)、一九九九年刊の南塚信吾偏『ドナウ・ヨーロッパ史』(第一九巻)がある。本書は第二〇巻のハンディ版を名乗っているものの、内容的には大きく更新され、前シリーズを「第三版」とするなら、「第四版」といってよいものとなっている。

歴史は同じ対象を扱いながら、なぜ定期的に書き換えられるのか。しばしば新しい事実が発見されて、あるいは新しい文書が公開されて歴史が書き換えられる。しかし、それだけではない。イギリスの歴史家E・H・カーが言うように、歴史は現在と過去との対話である。現在に大きな変動が起きれば、現在に生きる歴史家が過去に投げかける問いも変わってくる。それによって歴史叙述も変わってくるのである。

東欧諸国は過去三五年間に大きな変動を遂げた。一九八九年の体制変動は各国の政治体制だけではなく、社会体制も、また国際関係もすっかり変えてしまった。かつてソ連の「衛星国」あるいはソ連自身の構成部分であった東欧諸国は、つぎつぎとNATO、次いでEUに加盟することになった。かつて歴史をもたないと思われた国々も国際政治の主体となり、自らの歴史をもつようになった。

さらに大きな衝撃を与えたのは、二〇二二年におけるロシアのウクライナ侵攻である。長い間ロシアの一部と考えられてきた国が、自らの生存を賭けてロシアと戦うという事態が起きている。その帰趨は他の旧ソ連諸国の運命にも、また歴史上これら諸国と密接な関係をもってきたその西側に位置する諸国にも、大きな影響を及ぼさざるをえないだろう。

歴史が書き換えられるもう一つの理由は、歴史家自身の世代交替である。新しい世代の歴史家は新しい問いかけをもっている。それによって同じ歴史事実であっても違ったふうに解釈するし、またその権利をもつ。どんな歴史家も、いつかはその歴史解釈において新しい世代に乗りこえられる定めにある。

一九九八年刊の『新版　世界各国史シリーズ』の執筆者の一人であった早坂眞理氏が他界されたの

で、第五章「分割と蜂起の時代」は白木太一氏に、また第六章「近代民族の成立」の該当部分は安井教浩氏にそれぞれ校閲、加筆をお願いした。さらにまた、第七章「両大戦間期のポーランドとバルト諸国」、第八章「共産党時代のポーランドとバルト諸国」、第九章「独立と民主化の時代」のそれぞれリトアニアに関する部分は、旧稿の執筆者、村田郁夫氏がお歳を召された関係で、重松尚氏に校閲ならびに加筆をお願いした。白木、安井、重松の諸氏には厚く御礼を申し上げる次第である。

伊東の執筆にかかる序章「風土と人々」は『世界各国史』第二〇巻と同じである。同巻がウクライナ史を含んでいたため、ウクライナも視野に入れたものとなっていることをお断りする。

東欧諸国の地名表記、人名表記は日本語に該当する音韻表記がないことが多いため、容易でない。正確を期そうとして工夫を凝らしても、かえって原音から遠ざかることがしばしばである。また何語で表記するべきかも悩まされることが多い。というのは、東欧地域においては時代ごとに支配民族が異なることがしばしばだからである。本書においては、最初に言及されるときはなるべくその時代で支配的な民族の言語で記し、同時に他の言語での表記を括弧に入れて記すように努めた。東スラブ民族の言語ではアクセント(いわゆるウダレーニエ)のある母音を長く発音するが、本書においては原則としてこれを考慮に入れなかった。

二〇二四年六月五日

伊東孝之・井内敏夫

# 目次

下巻目次

山川セレクション

# ポーランド・バルト史　上

# 序章　風土と人々

## 1　地理と気候

### 東欧平原

本書が対象とするのは、ポーランド、リトアニア、ラトヴィア、エストニアの四カ国の歴史である。歴史をひもとく前に、歴史の舞台となった地域の風土と人々について、基本的な知識をえておきたい。

しかしながら、地理的には、この空間——かりに東欧平原(狭義)と呼ぶことにしよう——は、ウクライナ、ベラルーシを含んで、ある程度ひとつのまとまった単位をなしており、これらを分けて語ることは難しい。したがって、ここでいう東欧平原とは、前述の二カ国を含んだ空間をさすことをおことわりしておく。

さて六つの国をあわせると、面積的に約一三〇万平方キロで、日本の約三・五倍である。人口的には一九九〇年代初めに約一億一〇〇〇万人で、日本よりもやや少ない。領土も住民も、また人々の意識も長い歴史の過程のなかで大きく動いているので、現在の国家の版図と人口をそのまま歴史の舞台と考えることはできないが、その大きさについておおよその概念をつかむことはできよう。

地理的には、ウクライナの東方国境が東端を、ポーランドの西方国境が西端をなしている。また、黒海がクリミア半島の南岸を洗う線が南端を、エストニアがフィンランド湾に臨む線が北端をなしている。経度でいえば、イタリアのナポリから、トルコ東部の黒海沿岸都市トラブゾンまでとほぼ一致している。緯度でいえば、北限がカムチャツカ半島のつけ根、南限が留萌《るもい》―網走《あばしり》の線にあたる。ひどく北に偏っているという印象を受けるが、じつは西ヨーロッパの英独仏三カ国もほぼこの緯度の範囲内におさまっているのである。

前述したように、地理的に東欧平原はある程度ひとつのまとまった単位をなしている。すなわち、ロシア平原と呼ばれる広大な平野――これも通常東欧平原(広義)と呼ばれるが、本章ではロシア平原で統一する――の西端に位置している。ロシア平原は東はウラル山脈、西はカルパティア山脈によって区切られ、南は黒海―クリミア山系―コーカサス山脈―カスピ海、北はバルト海―バレンツ海によって区切られる、広大ではあるが単一の均質な地理的空間である。東欧平原はその西に張りついた、約二二%を占める部分である。

東欧平原がロシア平原のその他の部分と区別されるのは、おそらく気象条件によってのみである。

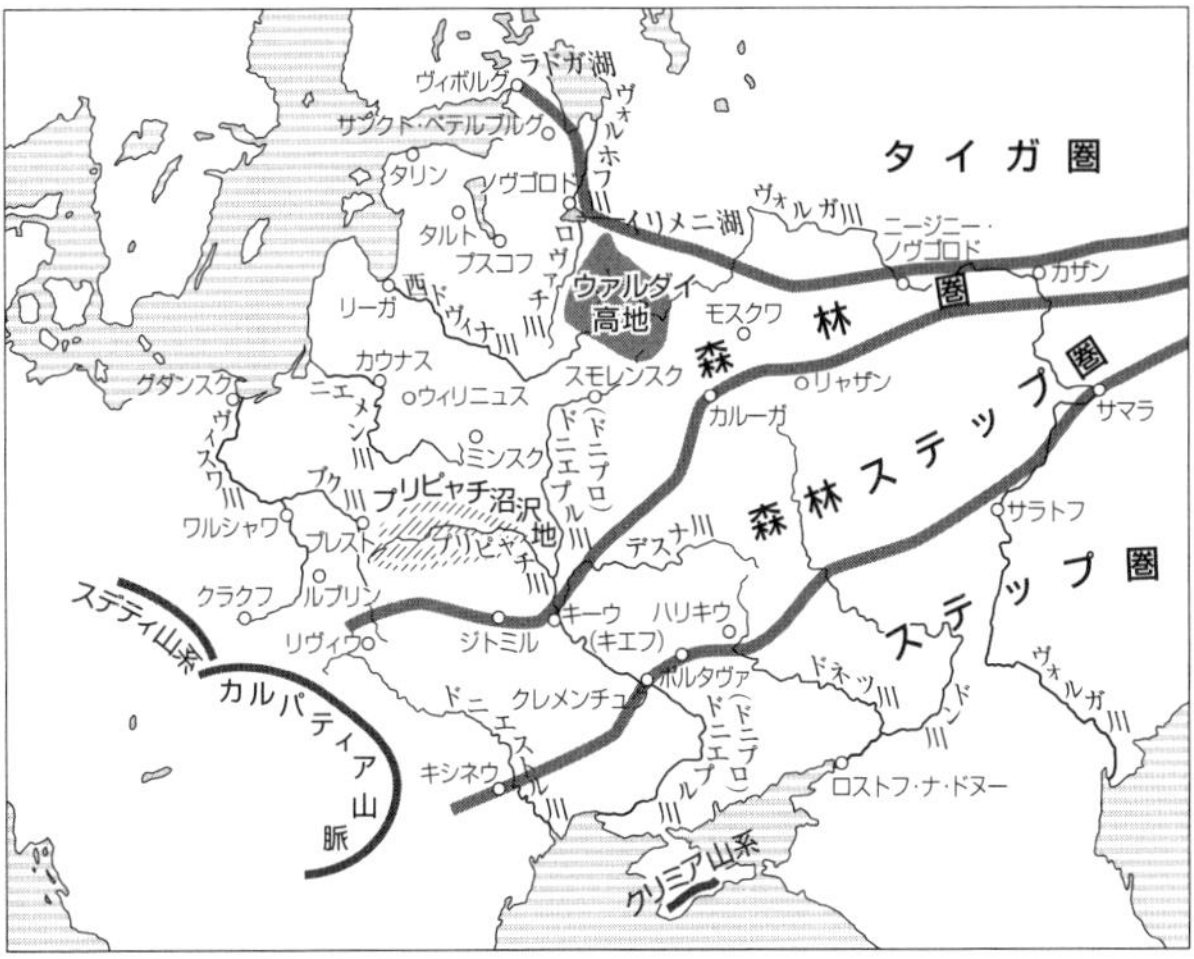

東欧平原の気候図

すなわち、大西洋——北ではその延長であるバルト海、南では黒海——の影響によって、気候が穏やかであり、東に向かうに従って大陸性となる。ロシアの地理学者は、温度、湿度、日照量、植生、動物相、地質、景観などによって、ロシア平原を北から南に向けていくつかの圏に区別している。おもな圏は、ツンドラ、タイガ、森林(混合・広葉樹林)、ステップ、砂漠などである。このうち、東欧平原にあるのは森林とステップ、およびその中間に位置する森林ステップの諸圏だけで、北のツンドラとタイガ、南の砂漠の諸圏はない。さらに同じ圏に属していても、西から東に向かうに従って、気象条件が目立って厳しくなる。

　氷河時代にはロシア平原全体がツンドラに属していた。地質学上の最新の時代、つまり第四紀完新世《かんしんせい》(沖積世)に地球の気候が全般的に暖かくなると、ツンドラがだんだんと北の方に後退していった。この時期に極地の氷塊が溶け、海面が上昇してそれまで平野だったバルト海や黒海が海となった。「ノアの洪水」伝説などで伝えられる人類史黎明期の大洪水は、じつは黒海を舞台にしていたらしいことが最近の研究によって明らかにされている。ロシア平原の植生、動物相は、かつて同じ気候圏に属していた関係で、多くの共通性がみられる。

タイガ圏の南限は、今日では、ヴィボルグ―ノヴゴロド―ニージニー・ノヴゴロドの線をはしっている。これをみると、エストニアは本来タイガ圏に属しても不思議ではないが、海洋性気候のおかげで森林圏に属している。森林圏の南限はリヴィウ(ルヴフ、リヴォフ、レンベルグ)―ルツク―ジトミル―キーウ(キエフ)―カラチェフ―カルーガ―リャザン―ニージニー・ノヴゴロドの線をはしっている。エストニア、ラトヴィア、リトアニア、ベラルーシ、ポーランドの五カ国はほぼそっくり森林圏にはいり、わずかにポーランドの東南部だけがほんの少し森林ステップ圏に引っかかる。森林圏は西においてその幅が一〇〇〇キロに達するが、東にゆくに従って細くなり、ウラル山脈にぶつかるころには二〇〇キロとなってとぎれてしまう。つぎの森林ステップ圏の南限はカルパティア山脈の麓に端を発して、モルダヴィアの首都キシネウをへて、キーロヴォグラード―クレメンチュク―ポルタヴァ―ハリキウとウクライナを貫き、南ロシアのサラトフの北、ウファの南をへてウラル山脈にいたる。最後のステップ圏はこの線から黒海沿岸までである。このようにみると、森林、森林ステップ、ステップという三つの圏にまたがるのはウクライナだけである。

このように東欧平原は地理的にはロシア平原に属するが、ロシア平原のほかの部分と比べると、森林圏以南に位置すること、海洋の影響で気候がより穏やかであることを特徴としている。かつてポーランドの支配者は自分たちの国の大きさを誇って「海から海まで」と称したが、それは期せずして東欧平原を的確に特徴づけていたといえよう。しかし、遮るものがない大平原であるということはロシア平原の他の部分と共通している。山らしい山といえば、ウクライナの南端のクリミア山系(最高峰一五四五メートル)と西端のカルパティア山脈(最高峰二〇六一メートル)、およびカルパティア山脈の延長であるポーランドの南部国境(最高峰二四九八メートル)だけであり、いずれもロシア平原の南と西の境界をなしている。このため東欧平原は、ロシア平原の他の部分と同じく、外敵の侵入を受けやすかった。

## 森林からステップへ

森林圏の土壌は砂質か粘土質のいわゆるポドゾル(上部が灰白色、下部が淡茶色をなす、酸性の強い森林土で、耕作に不適)である。多くの場合針葉樹林で、落葉がないため土中の腐食成分が少ない。鉄分、石灰分、その他のミネラル要素が上層から失われ、下層に移りやすい。ポーランドは過渡地域にあり、純粋な森林圏ではないが、このような土質が国土の七〇%を占めている。ベラルーシ、バルト三国ではその割合が遥かに高いはずである。広葉樹林の場合は腐植土が多く(針葉樹林の一・五〜二倍)、茶土となる。養分に富み、中性かアルカリ性で、カルシウム炭酸塩を豊かに含む。栄養分が下層に消えるということがない。しかし、広葉樹林は東にゆくに従って少なくなり、本来のロシアではほとんどない。

西方では大西洋から海洋性気団がサイクロンとしてやってきて、湿気、暖気をもたらす。東方にゆくに従って大陸性気団に取ってかわられ、モスクワ―ロストフ・ナ・ドヌー線の東側で反サイクロン体制が定着する。七月の平均気温は二〇度で、むしろ西のほうが低め（たとえば、ワルシャワで一八・六度）だが、一月の平均気温は西方で零下四度、東方で零下一六度となる。年間降水量は沿バルト地方で八〇〇ミリ、ベラルーシで七〇〇ミリであるが、東方では五〇〇ミリないし四〇〇ミリとなる。降水量と蒸発量の均衡がとれていて、タイガ圏のように降水による沼沢化という現象は少ない。樹木としては、針葉樹のほかに、カシ、ボダイジュ、カエデ、西洋トネリコ、小葉樹のシラカバ、ハクヨウが多い。ブナ、シデ、モミはポーランド、ベラルーシ、西ウクライナが北限、東限をなす。クマ、オオカミ、ノロジカ、ビーヴァーなどの動物はとくにこの地帯に独特のものではなく、ヨーロッパ―西シベリアに共通である。ポーランドとベラルーシの国境地帯に生息する野牛（ジューブル）は有名である。

森林ステップ圏はあらゆる意味で森林圏からステップ圏への過渡地域である。両圏から気団、地上水、地下水、植生、動物相の影響がおよぶ。ただ、森林やステップの連続がなく、ところどころでとぎれている。地質的に多様であり、ポドゾル土壌も黒土もある。気象条件も大きく違う。年間降水量はウクライナで五〇〇〜六〇〇ミリ、シベリアでは四五〇ミリである。凍結のない期間が西方では年間一六〇〜一六五日であるが、東方では八〇〜九〇日となる。森林圏と同じく西方では南北の幅が広く、東方に向かうに従って細くなってゆくが、ウラル山脈でとぎれるということはない。

ステップ圏はがらりと様相を異にする。峡谷などを除いてはまったく樹木がなく、はてしない一面の草地、灌木地からなっていて、あたかも大洋のような印象を与える。動物相はキツネ、オオカミ、アナグマのように森林圏と共通するものもあるが、多くはたとえばリスなどの齧歯《げっし》類のように砂漠圏と共通するものである。ステップ圏の生成については専門家のあいだで長い論争がある。人間の手によるものだという説もあるが、東に向かって帯状に何千キロも続いているのをみれば、自然の産物とみるべきだろう。

ステップ圏では反サイクロン体制ができあがっていて、大陸性気候が支配的である。丘陵と樹木がないため、地面が直接風にさらされる。夏は非常に暑く、冬は非常に寒い。急に暑い夏がやってきたり、冬が長すぎたりすると、雪解け水で洪水が起こりやすい。冬は厳しく、しばしば四カ月間も真冬日が続く。降水量はウクライナのステップで年間四〇〇〜五〇〇ミリと少なく、これにたいして蒸発量が八〇〇ミリに達してバランスがとれていない。毎年後半になると降水が不足して、一〇年のうち四、五年は旱魃となる。

土質はいわゆる黒土である。もっとも典型的には炭酸石灰を豊かに含むレスと呼ばれる黄土、もしくは黄土様の砂質粘土をもとにしてできている。北から南にかけて「通常黒土」、「南部黒土」、「暗栗色土壌」などがある。黒土は腐植土を豊かに含み、水分を急速に吸収する。世界でもっとも農耕に適した土壌のひとつで、耕作すると立派な収穫を生む。

## 2　農業と人の往来

### 環境との戦い

人類史は自然条件を人類の生存に都合がよいように変えてゆく歴史である。三つの圏はたしかに所与としてはあったが、今日ではそのあらゆる特徴とともに、ほとんど痕跡をとどめないほどに変えられてしまっている。風土的条件との戦いのなかで、いちばん大きな比重を占めるのはいうまでもなく農業である。森林は姿を消し、残っている森林もじつは植林であることが多い。ステップも今日では耕しつくされている。また、本来樹木のないステップでも植林が試みられている。

森林圏の原始の姿を比較的とどめていると思われるのはプリピャチ沼沢地であろう。これはドニエプル（ドニプロ）川の支流のひとつ、プリピャチ川流域をさし、ベラルーシとウクライナの両方にまたがっている。大きな低湿地がいたるところにあり、相互に河川網で結ばれている。ところどころ葦《あし》や蘆《よし》で、またところどころ松柏の類で被われている。あちこちに砂丘があって、家畜を放牧したり、穀物を育てたりするのに適した島をなしている。しかし、こうした島はしばしばほとんど接近できない。農民は流れの緩い川にそって舟を操り、危険な沼沢地をぬって道を見つけることに熟達していなければならない。一帯は健康に適さず、湿った空気と、沼沢地のたえまない腐食から生じる有毒ガスとが結びついて、熱病、気管支病、肺病を起こしやすい。住民のあいだにはしばしば伝染病が蔓延する。冬は厳しく、少なくとも二カ月間は凍りついてしまう。こうした沼沢地がこのあたりだけでイギリスの面積の四分の一弱、七〇〇万〜八〇〇万エーカーもある。

これはロシア革命前のプリピャチ沼沢地の描写であるが、初期の森林圏での生活の姿をとどめているといってよいだろう。森林圏を住処《すみか》とした原始スラヴ人はおそらくこのようにして生活していたのである。スラヴ人は今日もなおキノコや蜂蜜のような森で採集してきたものを好む。スラヴ語は魚名に豊かであるが、ほとんどが淡水魚の名前である。採集経済のつぎには、おそらく森のなかの草地で危険をおかしながら放牧したり、ソバ、ムギなどを栽培するようになったのだろう。しだいに森林を焼き払ったり開墾したりして、本格的な農業に従事し始めたと思われる。

しかし、土地の生産力が上がり、人口が大規模にふえるためには、少なくともつぎの三つの条件が必要であった。ひとつは排水システムの整備である。日本のように険しい山がいきなり海に没し、いたるところで急流が流れているような国の人間には想像しがたいが、東欧平原は高低の差が非常に小さい、広大な土地である。したがって、水が淀《よど》んで動かないところが数多く発生する。このような土地で農業の効率を上げるためには灌漑というよりもむしろ排水、干拓が大切である。つぎに、土質を改良する方法を考え出さなければならない。先にみたように、森林圏の土壌、ポドゾルは強度の酸性で、有機質をあまり含まず、しかもしばしば粘土質である。森林を開拓したとしても土質を改良できなければ、せいぜい放牧地にしか適さない。第三に、このように寒冷地で、地味が痩せている土地に適した高収穫、高カロリーの作物がなくてはならない。それはジャガイモであった。ジャガイモは新大陸からヨーロッパにもたらされた。その栽培がこの地域に広がったのは十八世紀後半からである。ジャガイモはたんに食料としてだけではなくまた飼料としても広く利用されるようになった。他の二つの条件が整うのもほぼこの時期である。

　ステップ圏がスラヴ人農民の定住の地となったのはそれほど古いことではない。それはロシア帝国がこの地を支配下においた十八世紀後半以後であった。黒土地帯は粘土質の森林地帯よりも耕作が容易で、地味が豊かである。旧式の三圃《さんぽ》制度のもとでさえも五〇年以上も追加的な肥料なしに穀物を栽培することができた。このためこの地方はたちまちロシアの、いや世界の穀倉となった。

　前述のように、ウクライナとポーランドにはわずかながら山岳がある。すなわち、クリミア山系とカルパティア山脈(およびその延長のスデティ山脈)である。これらの山麓地帯は地理的条件が東欧平原の他の部分と異なり、むしろ西ヨーロッパに近い。風が山に遮られ、温和な気候が支配し、排水がよく、しかも黒土地帯の延長上にあって地味が肥えている。ここでは良質の葡萄、タバコ、ホップなどが産する。

### 交　通

大平原であるということは往来が容易であったという印象を与えるかもしれない。しかし、交通手段の発達していなかった時代に、森林と沼沢で被われた、野獣の生息するはてしない陸路は、ほとんど往来不可能であったに違いない。たしかにステップは馬さえあれば容易に往来できただろう。古来からそれは外部の民がしばしば東欧平原を征服するために利用した通り道であった。しかし、森林圏の内部にはいろうとすると同じ困難が待ちかまえていた。

もっとも重要な交通網は河川であった。ロシア平原は縦横に張りめぐらされた河川網によって相互に結びつけられており、「河川世界」と呼ばれるほどである。先に記したように、この大平原は高低の差があまりない。降水量が多いので河川の流量は豊かであるが、勾配が少ないのでゆっくりと流れ、小さな舟で航行することが容易である。中心的な分水嶺は、ノヴゴロド地方のヴァルダイ高地にある。この高地は海抜わずか三四三メートルで、しかも河川の多くは二〇〇メートル台のところに源を発している。ここに端を発して、欧州第一の河川ヴォルガ川(三五三一キロ)がカスピ海に、第三の河川ドニエプル川(二二〇〇キロ)が黒海に、西ドヴィナ(ダウガヴァ)川がバルト海に、ロヴァチ川がイリメニ湖に、さらにヴォルホフ川をへてラドガ湖に注いでいる。これら諸河川の水源は相互にそれほど離れておらず、舟を引きずって移動できるほどである。水源の近接はここだけではなく、他の高地でもみられる。

このように広大なロシア平原は天然の水路によって、太古から相互に結びつけられていた。一見例外をなすかと思われるのはポーランドである。ポーランドはカルパティア山脈に端を発するヴィスワ川という独立の水系の流域として発展した。現在のポーランドの五四・二%は直接間接にヴィスワ川流域である。しかし、ヴィスワ川はその支流のひとつであるブク川を通じてプリピャチ—ドニエプル(ドニプロ)川に、またサン川を通じてドニエストル川につながっている。実際、ポーランドはその面積の七一・五%が海抜二〇〇メートル以下という典型的なロシア平原の国である。

この水路を最初に利用したのはロシア平原内部の勢力ではなく、商業的利益を追い求めたり、冒険心に富んだりする外部の勢力であった。すでに古代ローマの時代にバルト海沿岸は琥珀《こはく》を産することで知られており、これをローマに運ぶ「琥珀の道」というものがあった。ひとつは現在のグダンスクあたりから陸路ポーランドとボヘミアを突っ切ってローマにいたったが、もうひとつはリトアニアの海岸からニエメン(ニャームナス)川をさかのぼり、プリピャチ—ドニエプル川をへて黒海にいたり、そこから海路ローマに向かった。紀元二世紀にヴィスワ川流域にいたゴート人が大挙して黒海沿岸に移動したが、それはヴィスワ─ドニエプル・ルートによっていた。

七世紀になってヴォルガ河口イティリに首都を構えたハザール帝国の商人がヴォルガ・ルートを開拓し、スダ─ラドガ湖─ネヴァをへてバルト海にいたった。八世紀になると同じルートを逆にノルマン人が南下してきて、ドン川をへて黒海にいたる道を開いた。ノルマン人はさらに九世紀に「ヴァリャーグからギリシアへの道」、すなわちネヴァ─ラドガ湖─ヴォルホフ─イリメニ湖─ロヴァチ─西ドヴィナ─ドニエプル・ルートを開拓し、黒海をへてビザンツ帝国の首都にいたった。ノルマン人はまた、キーウからドニエプル─デスナ─セイム─ドネツ─ドンをへてハザール帝国の首都にいたるルートも開発した。こうした外部の勢力が、この地域の住民をひとつにまとめるうえで、大きな力を発揮したのであった。

川は結びつけるものであって、隔てるものではない。これは遠隔地だけではなく、両岸についてもあてはまる。なぜなら冬になるとロシア平原の河川は凍結し、渡河が容易だったからである。すでに最西端のオドラ川が冬季に一カ月間凍結するが、ポーランドの東方国境をなすブク川は六〇~八〇日間も凍結する。ブク川以東のロシア平原の諸川がより長期間凍結するのはいうまでもない。馬にのって陸路を移動する遊牧民が、この事実を利用したのはよく知られている。モンゴル軍が移動したのも主として冬季であった。

このように天然の水路によって相互に密接に結びつけられていたロシア平原、とくに東欧平原の諸国はひとつの歴史的単位をなしていただろうか。単純な結論をくだしてはなるまい。これら諸国は、域外の諸国とも海路や陸路を通じて、また文化的にも密接に結びつけられていた。たしかにポーランドに支配されたり、ロシア帝国の版図となったり、ドイツの軍事占領下におかれたりした。そうした共通の押しつけられた運命によって一時的にまとまりをなしているかにみえたけれども、それ自体としての求心力が大きかったかどうかは疑問である。東欧平原の諸国は内に向かってまとまるというよりも、むしろ外に向かって開かれていた。

## 3　住民、支配、交易

### 森の民、草原の民

少なくとも東欧平原にかんするかぎり、特定の民族に固有の領土というものはない。太古から同じところに居座っている民族は存在しない。どの民族も歴史のある時期に東欧平原に登場したのであって、それ以前は知られていなかった。登場後もしばしば居所を変えている。東欧平原ほど住民移動の激しいところは少ない。加えて諸民族の混血が進んでいる。言語や文化は残っていても、身体的特徴がすっかり変わってしまった例が少なからずある。もちろん逆の例も多い。ある地方にかんして、特定の民族が主人で、他の民族は客分という見方は危険である。

にもかかわらず、基層住民というものが存在するように思われる。歴史に登場した東欧平原の民を大きく分けると、森の民と草原の民の二つに分けることができる。ここでは海の民も草原の民と一括りにしよう。草原は一種の陸の海であって、内陸の民とのかかわりにおいて両者は多くの共通性をもっている。基層住民をなすのは森の民、つまり内陸の民である。彼らのほうが数が圧倒的に多く、またあまり移動しない。草原の民は少数でもって迅速に移動することを身上とする。彼らも平原の歴史に大きな寄与をなしたが、その存在はどちらかといえば周辺的であった。

内陸の民は主として農業を生業とした。彼らは森林を開拓し、徐々に生活圏を拡大していった。これにたいして草原の民は牧畜と交易に従事した。海の民の生業はもっぱら交易であった。そのかぎりで両者の利害が衝突することはなく、むしろ相互補完的でさえあった。問題は草原の民がしばしば略奪や征服の意図をもってやってきたことである。両者の衝突の場となったのは森林圏がステップ圏に接するところ、つまり森林ステップ圏である。森林ステップ圏は事実上ウクライナ以外にない。実際に草原の民との衝突にもっとも悩まされたのもウクライナ人である。草原の民の侵攻がさらに北方におよぶことはあったが、それはよりまれであり、ウクライナ人の抵抗のおかげですでにその衝撃力は弱まっていた。しかし北の民もけっして安全ではなかった。というのは、しばしばバルト海の彼方から海の民の来襲があったからである。

南においても北においても沿岸地帯は長いあいだ草原の民の支配するところであった。南においてはまさにそこにステップ圏がはしっていた。北においては海の民が沿岸地帯をわがものにした。しかし、結局は森の民があらゆる困難にたえて生き抜き、長い歴史のあいだに草原の民を同化してしまうか、あるいは追い払う結果となった。こうした基層住民が近代になって民族意識を獲得し、ポーランド人、リトアニア人、エストニア人、ラトヴィア人、ウクライナ人、ベラルーシ人などとなった。これらの国民は、ベラルーシ人を除いて、今日外洋への幅広いアクセスをえている。

現在の国家民族はほとんどインド・ヨーロッパ語系である。ただひとつ、エストニア人だけが、ウラル・アルタイ語系のフィノ・ウゴール系に属する。インド・ヨーロッパ語系はバルト系とスラヴ系に分れる。バルト系はリトアニア人、ラトヴィア人である。スラヴ系は西スラヴ系と東スラヴ系に分れ、ポーランド人が前者、ウクライナ人とベラルーシ人が後者に属する。これらの民はいつ現在地に住むようになったか。正確にはわからないが、スラヴ系は紀元前一千年紀の半ばころまでには登場したといわれる。バルト諸民族はもともとロシア平原の北のほうに住み、南からきたスラヴ系に数的に圧倒されたようである。バルト系はバルト海沿岸からオカ川流域あたりにかけて住んでいたが、東のほうに住んでいた部族はスラヴ人に吸収されてしまったらしい。エストニア人はヴォルガ川流域から現在地に移ってきた。故地に現在もなお少数の近縁部族が残っているが、スラヴ人の大海に没しようとしている。

これらの民はいつ自前の国家をもつようになったか。もっとも早いのは東スラヴ系のルーシ人である。ルーシ国家を建設したのはじつは外来のノルマン人だったが、彼らは急速に基層住民に同化されたので、最初の平原住民の国家といってよいだろう。しかし、それは中世期に断絶しており、現在のウクライナとの連続性は必ずしも明らかでない。ウクライナ人は森林圏に属する北西の四つの地方(チェルニヒウ、キーウ、ヴォルイニ、ポレシェ)を故地として、そこから南方や東方に進出したり、引っ込んだりして外国支配を生き抜き、ようやく第一次世界大戦後自らの国家を形成し始めた。連続性という点では西スラヴ系のポーランド人がもっとも早い。リトアニア人がこれに続いたが、早い時期にポーランド国家に吸収されてしまったので、自前の国家を形成するのは結局、他のバルト諸民族と同じ第一次世界大戦後となる。ベラルーシ人は一九九一年にはじめて自らの国家をもったが、その民族意識はなお覚醒段階にある。ベラルーシ人を厳密に定義することはむずかしい。もっとも広い定義をとるとかなりの近隣諸国住民を含むことになるが、もっとも狭い定義ではほとんど実体がなくなってしまう。

ステップ圏に登場した草原の民は枚挙にいとまがない。古くは古代ギリシア人に知られたスキタイ人の世界がある。四〜五世紀にフン人、さらに五〜八世紀にアヴァール人、七世紀にブルガール人、九世紀にマジャール人などが東から西に駆け抜け、西ヨーロッパやバルカン半島に大乱をもたらした。誕生したばかりのルーシ国家は九世紀にハザール人、十〜十一世紀にペチェネグ人、十一〜十三世紀にポロヴェツ人(クマン人)と戦った。もっとも永続的な結果を残したのはなんといっても十三世紀におけるモンゴル人の来襲であろう。さらに十四世紀末にはティムールが大軍を率いてやってきた。十五世紀以後のオスマン帝国の進出は、クリミア・ハン国の背後勢力となったという意味で、ステップ世界の維持に寄与した。

北のほうでは十二世紀からドイツ人、十三世紀からデンマーク人、十六世紀からスウェーデン人がしばしばバルト海沿岸地域をおかした。とりわけドイツ人の影響は永続的であった。

### 政治の民、商業の民

国家が形成されるということは支配を、つまり政治を生業とする民が生まれるということである。ここでは便宜上、政治の民として、直接支配する人々ばかりではなく、統治の支えとなって働く人々、あるいは統治とは直接関係がないが長期にわたる統治の結果として発生する人々も含めることにする。東欧平原では外来民族によって国家が形成されることが多かった。ということは、政治の民がしばしば外来人であるということである。東欧平原において自前の支配層をもったのは長いあいだポーランド人だけであった。それはシュラフタと呼ばれる貴族で、基層住民にたいして大きな距離意識をもち、自らを異民族出身と信じたほどであった(サルマティア伝説)。シュラフタはリトアニア人、ベラルーシ人、ウクライナ人の上層部にたいして強い同化力をもち、仲間に引き入れた。

外来の政治の民としてはまずノルマン人(ヴァリャーグ人)がいる。彼らは最初のルーシ国家を建設したあと、急速に基層住民に同化された。つぎにタタール人がいる。彼らはキプチャク・ハン国の支配民族で、トルコ系の言語を話し、しばしばイスラム教を採用した。コサックに合流して同化されるものもあったが、クリミア・タタールのように十八世紀末まで一帯を支配し、時にモスクワを脅かしたものもあった。第三にドイツ人は、バルト海沿岸の異教徒にたいする十字軍としてやってきて、そのまま封建領主として居座った。さらにいわゆる東方植民の一環として多くのドイツ人が「東方辺境」に入植した。ポーランドの内陸都市に職人や商人として移住したドイツ人は比較的急速に同化したが、沿岸部に入植した封建領主や農民は同化しなかった。ドイツ人問題は結局、第二次世界大戦まで解決しなかった。

第四にロシア人がいる。ロシア人が東欧平原にあらわれたのは十八世紀中葉にスウェーデンやトルコにたいして勝利して以後で、比較的最近のことである。バルト地方やポーランドにはロシア人はもっぱら官吏や軍人としてやってきたので、その数は少なかった。現在、エストニアやラトヴィアには大きな数のロシア人少数民族がいるが、彼らのほとんどは第二次世界大戦後、労働力としてやってきたのであって、まだ二世代しかたっていない。これにたいして、ウクライナには官吏や軍人だけではなく、多くの入植者がやってきた。「新ロシア」と呼ばれた黒海北岸のステップや、クリミア半島は入植者によって開拓された。入植者のなかにはウクライナ人もいたが、ロシア人も、募集に応じてはるばる西ヨーロッパの国々からやってくる者もいた。国際的な混成部隊はロシアの統治のもとで急速にロシア化した。ウクライナ人自身も言語的に近いロシアに同化される傾向があった。とくに左岸ウクライナ(ドニプロ川の左岸)ではロシア支配が長かったので、同化が進んだ。

農耕を生業とする内陸の民が苦手とする分野があった。たとえば、商業がそうであった。とりわけ遠隔地商業は苦手であった。多くの民族がこうした経済的間隙を埋めるために東欧平原に移り住み、農耕の民のあいだで暮らすようになった。

黒海沿岸地帯のギリシア人、大西洋からバルト海、地中海、「河川世界」にかけて活躍したノルマン人、バルト海のドイツ人(ハンザ都市)などは本来遠隔地商業に従事した人々であった。より内陸に入り込んで小売業に従事するものもあった。たとえば、東欧平原のいたる所に在住するアルメニア人、ユダヤ人などがそうである。

ユダヤ人はたんに商業のためだけではなく、さまざまな理由でやってきた。しかし、彼らは宗教上の理由や差別のために特定の職業分野、とくに商業、金融業、屠殺業、皮革加工業などに集中した。東欧平原のユダヤ人には三つの系統がある。ひとつはアシュケナージ(ドイツ系)のユダヤ人である。彼らは中世期にドイツで迫害にあって、宗教的により寛容であったポーランド王国に移住し、その版図内にあったリトアニア、ラトヴィア、ベラルーシ、ウクライナに拡散した。もうひとつはハザール系のユダヤ人である。ハザール帝国の支配層はトルコ系であったが、九世紀初めにユダヤ教を採用した。その末裔がロシア南部やウクライナに拡散した。カライム人という、モーゼ五書のみを信じるトルコ系のユダヤ人が少数ながらリトアニア、ポーランド、ウクライナに残存しているが、これもハザール系となんらかの関係があると思われる。第三はセファルディム(スペイン系)のユダヤ人である。彼らは中世期にスペインから追放されてオスマン帝国に移り住んだ。東欧平原には少数がオスマン帝国の支配下にあった黒海沿岸を通じてはいってきた。

商業の民は政治的支配に商業や金融が必要とされるかぎりで、政治の民に重用された。しかし、農耕の民からはしばしばよそ者、搾取者として憎まれ、支配者によって統治への不満の生け贄とされる傾向があった。

# 第一章　歴史の起源

## 1　国家形成以前のスラヴ人とバルト人

### インド・ヨーロッパ(印欧)語族の故地

現在までの言語学的研究によると、スラヴ人が六〜七世紀ころまで言語的統一を保っていたことは明らかである。しかしその故地がどこにあったか、すなわちどこでスラヴ民族が民族的な独自性を獲得して歴史の舞台に登場したかということについては、結局、現在まで確かなことはわかっていない。それはバルト民族についても同様である。これはゲルマン民族やギリシア・ラテン民族と異なり、中世以前のバルト人、スラヴ人が文字をもっていなかったために、彼らが自らの歴史を書き残していないことが大きな原因となっている。

スラヴ人の故地を論じるためには、まずインド・ヨーロッパ語族の想定上の故地をある程度確定しなければならない。このインド・ヨーロッパ語族の故地については諸説が唱えられているが、いずれにしても、のちにスラヴ民族、バルト民族に分化するグループを含むインド・ヨーロッパ語族の一派が、前四千年紀に黒海北岸に居住していたことは明らかのようである。

言語学的な視点から原スラヴ人あるいは原バルト人の文化の成立を考える場合、いつスラヴ語あるいはバルト語がインド・ヨーロッパ共通基語から分化・独立したかが問題になる。その時期については、前一千年紀の中葉を中心としてさまざまな説が唱えられているが、ごく初期に成立していたヒッタイト、トラキア、イリュリア、トカラ、アルメニアなどの諸言語と比べると、スラヴ語、バルト語のインド・ヨーロッパ語からの分化はもっとも新しい時期に起こったと考えられる。このことも原スラヴ人、原バルト人の文化を考古学的に確定することを困難にしている。またスラヴ語とバルト語のあいだに共通基語時代を認めるかどうかについても見解が分れており、ポーランドの学界では伝統的に共通基語時代を認める説が有力だったが、現在ではむしろ並行発達説のほうが有力である。

### スラヴ人の故地

十九世紀以来スラヴ人の故地として想定されてきたのは、西はオドラ(オーデル)川にいたる中央ヨーロッパ、東はウラル山脈から中央アジアにいたる広大な地域である。しかしそれらの地域のなかで、現在も故地として考えうるものは、大きく分けてつぎの二つである。

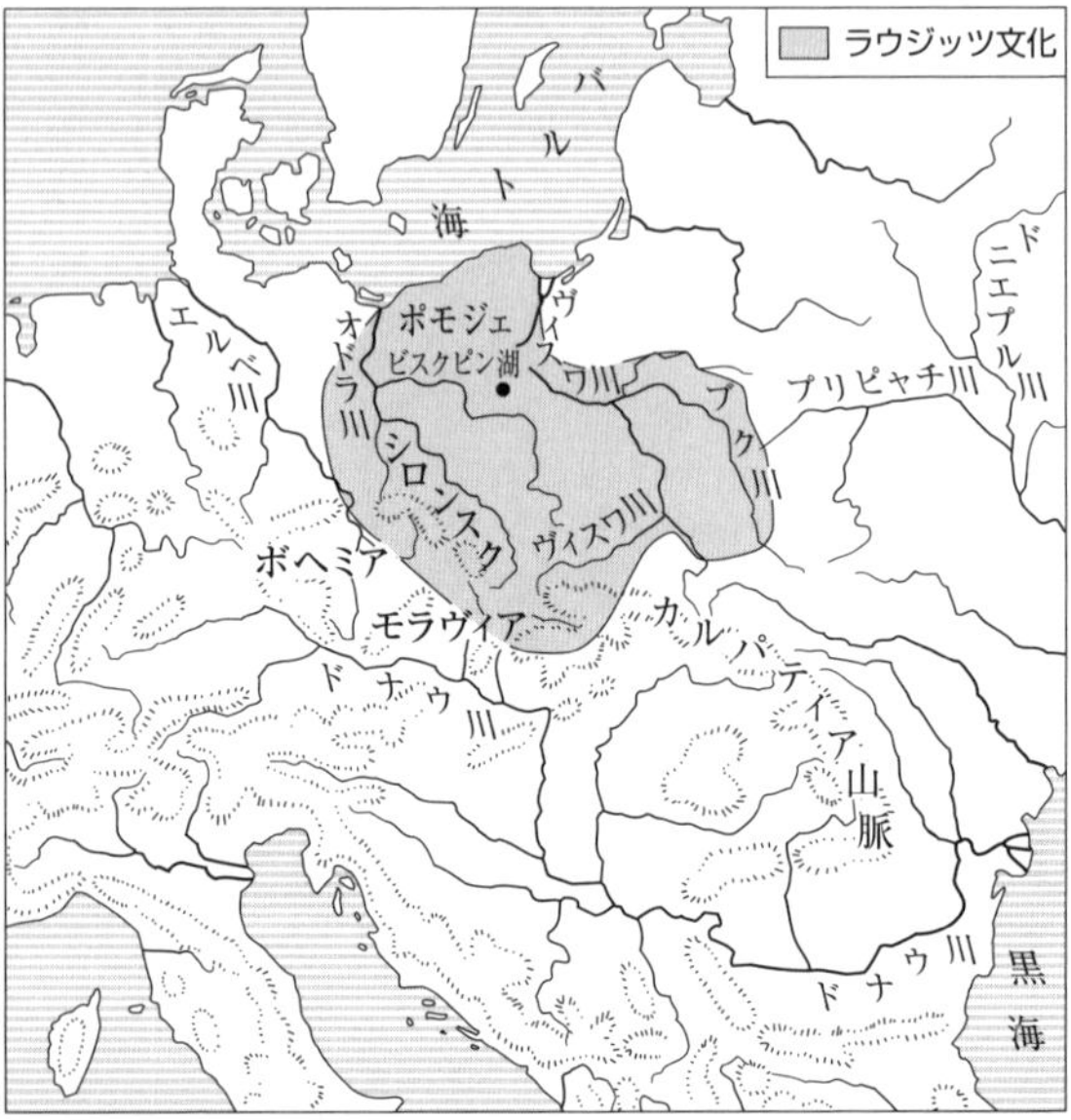


青銅器時代末期のラウジッツ文化

(1) ヴィスワ川とオドラ川に挟まれた中部ヨーロッパ
(2) 黒海北岸の現在のウクライナ地方

ヴィスワ・オドラ説の骨子は、前十四〜前十三世紀に、バルト海、エルベ（ラバ、ワバ）川、カルパティア山脈、ブク川に囲まれた地域、すなわち現在のポーランド、ボヘミア、モラヴィアに広がっていた農耕・牧畜文化であるラウジッツ文化を原スラヴ人の文化に結びつけるものである。その遺物と建造物は、この文化の担い手がスキタイ系の遊牧民と活発な交易をおこなっていたこと、また同時に彼らと高い緊張関係にあったことを物語っている。

ポーランドの考古学者コストシェフスキは、このラウジッツ文化を基礎としてカシユーブ地方の北部に成立したポモジェ(ポメラニア)文化をスラヴ共通基語時代(前八〇〇〜前三〇〇年)の文化に比定している。これにたいしてロシアの考古学者セドフは、ラウジッツ文化を未分化のヨーロッパ系インド・ヨーロッパ語族の文化とみなしている。彼はまたラウジッツ文化からポモジェ文化への連続性を否定し、ポモジェ文化はむしろ西バルト系の文化であったと考えている。

一方、ポーランドの言語学者レール゠スプワヴィンスキは、原スラヴ人の文化と異論なくみなしうるのは東部ラウジッツ文化のみである、としている。彼によれば、前二〇〇〇年ころに、オドラ川とオカ川のあいだの地域で原バルト・スラヴ人が形成された。そして前十三世紀ころに彼らはラウジッツ(ウジツェ)地方に移動し、そこで元来ケルト・イリュリア系の文化であった東部ラウジッツ文化と接触した。この結果、この地域で、東部の原バルト人と西部の原スラヴ人が分化し、前述のポモジェ文化から後述のプシェヴォルスク文化へとスラヴ人の文化が展開していくと考えるのである。

結局、ラウジッツ文化がスラヴ人の文化であったことを示す決定的な証拠はなく、その民族的帰属は現在も明らかではない。

スラヴ人の故地については、このように諸説が唱えられているが、いずれにせよ前八〜前七世紀に北イラン系の遊牧民であるスキタイ人が黒海北岸へ侵入し、西はドナウ川、東はドン川、北はドニエプル(ドニプロ)川とブク川の上流にいたる広大な王国をつくりあげた時代に、スラヴ人の居住地はおそらくこのスキタイ人の勢力範囲に含まれており、彼らから大きな影響を受けたと思われる。ラウジッツ文化は前五世紀ころ消滅するが、その原因もおそらくこのスキタイ人の侵入であったと思われる。もしラウジッツ文化をスラヴ人のものと考えるならば、スラヴ人の文明が他のインド・ヨーロッパ語族に比べて立ち遅れているのは、このスキタイ人の侵入による打撃が原因と考えられるし、またラウジッツ文化を非スラヴ人のものとみなすなら、スキタイ人によって荒廃させられたエルベ川流域とバルト海沿岸域に、スラヴ人が西進して定着したと考えるのが自然であろう。その後、ヴィスワ川中・上流域に前五〜後二世紀に鐘状墓文化と呼ばれる文化が成立するが、セドフはこれをスキタイ人の侵入を契機として西バルト人から分離したスラヴ人のものとみなしている。彼はこの文化を、ラウジッツ文化とその領域に移住してきた西バルト系のポモジェ文化の相互作用によって生まれたものと考えているのである。

一方、リトアニア出身のアメリカの考古学者ギムブタスは、コマロフ文化、さらにビログルディフカ文化をへて前七世紀ころに成立したと思われるチェルノレス文化を、最初に同定しうるスラヴ人の文化とみなしている。しかし、ギムブタスは、ロシアの考古学者トレチャコフがコマロフ文化とともに原スラヴ人の文化とみなしているトシチネツ文化については、これを原バルト人に関係するものと考えている。彼女によれば、チェルノレス文化を担った原スラヴ人は、侵入してきたスキタイ人に征服されたが、ヘロドトスがその『歴史』のなかで「農耕・農民スキタイ人」と呼んでいるのがこの原スラヴ人だという。

## 骨壺原文化

その後、前二世紀ころになると、やはりのちのスラヴ人の分布域にあたる地域に「骨壺原文化」と呼ばれる文化があらわれる。

この骨壺原文化のなかで、カルパティア山脈東南部からヴィスワ川とオドラ川のはざま、ドニエストル川上流域、ハンガリーのティサ川渓谷に前二〜後五世紀にあらわれたものをプシェヴォルスク文化と呼んでいる。ポーランドの考古学者の多くは、これを古代の著作家のいう、いわゆる「ヴェネディ」、すなわち若干の分化をとげた西スラヴ人の文化ではないかと考えており、その文化を「ヴェネディ文化」と呼んでいる。しかし、そこに強くあらわれたゲルマン的要素には無視できないものがあり、この文化が民族的にはゲルマン系のヴァンダル族やスラヴ人を含む一種の混合文化であった可能性も強い。

これにたいして、ドニエストル川流域の骨壺原文化は、しばしば東スラヴ人の文化と考えられてきた。この文化は、前二世紀から後二世紀にかけてウクライナの森林‐ステップ地帯にあらわれたザルビンツィ文化と、その後二〜七世紀にあらわれるチェルニャホヴォ文化である。しかし、ザルビンツィ文化をスラヴ人の文化とみなすことには異論もある。現在では、ザルビンツィ文化をバルト人の文化とみなす仮説も有力である。

ザルビンツィ文化を受けてあらわれるチェルニャホヴォ文化は、かつてのザルビンツィ文化圏の南、黒海北岸のステップ地帯に広がっており、以前はしばしば六世紀の文献にその名がみえるアンテス人のそれや、十二世紀ロシアの『原初年代記』に記述されている東スラヴの一二部族に擬せられたが、現在ではむしろイラン系民族、ゲルマン系のゴート人、スラヴ系諸民族の混合文化ではなかったかと考えられている。

このように、現在までの考古学の成果を総合するならば、かつてラウジッツ文化から骨壺原文化にいたる直線的歴史としてとらえられていた先史時代のスラヴ人の歴史は、実際には遥かに複雑な様相をおびていたことが明らかになってきたのである。

## 言語学による故地の探究

一方、言語学の側から提起されてきた諸説もまたさまざまである。言語学の視点からは、まずスラヴ語のインド・ヨーロッパ語内での親縁関係が故地を考えるうえでの手がかりになる。スラヴ語ともっとも近い関係にあるインド・ヨーロッパ語はバルト語だが、バルト語とスラヴ語とのあいだに単純に共通基語時代を認めるポーランドの学界の意見は、現在ではそのままでは受け入れがたくなってきている。というのも、最近ではスラヴ共通基語の成立前にバルト語内部の分化が起きていた、とする仮説が有力となり、スラヴ共通基語はバルト語のなかでもとくに西バルト語と密接な関係にあったことが明らかになってきたからである。いずれにしても現在にいたるまで、異論なく原バルト・スラヴ人のものとみなされている考古学上の文化圏は存在していない。他のインド・ヨーロッパ語とスラヴ語との近縁関係から一般的にいえることは、原スラヴ人は北方のバルト人、西方のゲルマン人、東方のイラン人に囲まれたある地域に居住していた、ということだけである。

言語学がこの問題のさらに具体的な究明のために用いてきたのは、スラヴ語固有の動植物名の分析、およびスラヴ語の地名、水名の分布から原スラヴ人の故地を推定しようとする方法である。

ポーランドの言語学者ロスタフィンスキは、スラヴ語の植物名の分析からポレーシエ（ポレシェ）地方からドニエプル（ドニプロ）川上流域をスラヴ人の故地とした。これはカリーニングラードとブコヴィナ地方を結ぶ線の西にしか成育しないブナを意味するスラヴ語（ロシア語 buk）がゲルマン語からの借用語であり、西エストニア（サーレマー、エーゼル）諸島とキシニョフを結ぶ線の西に成育するイチイとキズタが本来のスラヴ語（ロシア語 tis, pljušč）で呼ばれていることから、この線のあいだに故地を求めようとするものである。しかしこの地域には、原スラヴ人のものに比定できるような考古学的遺跡は発見されていないし、有史以前の植物の分布域が現在のそれとは大きく異なっていることが明らかになった現在では、この説の説得力は失われつつある。

ドイツの言語学者ファスマーは、水名の分析からプリピャチ川からドニエプル川中流域を原バルト・スラヴ人の分化した地域とみなしている。しかし、ロシアの言語学者トルバチョフとトポロフの研究は、スラヴ人の故地をファスマーの推定より南の地域に示唆している。この水名の分布状況は、プリピャチ川沼沢地をかつてのバルト人とスラヴ人を隔てる自然の障壁であった、とするスイス出身の言語学者センの説に結びつく。

### 考古学からみた六世紀のスラヴ人

このように六世紀以前の考古学的資料あるいは言語学的分析からは、スラヴ人の故地、およびその後の移住の過程などは漠然としかわからない。異論なくスラヴ人のものとみなされている考古学的遺物は、六世紀以後にあらわれるいわゆるプラハ・コルチャク式土器のみである。コルチャク式土器文化の中心はプリピャチ川南部の支流であり、東部はドニエプル川流域、西部はブク川、南はドニエストル川にいたる地域に、またプラハ式土器は現在のチェコ、スロヴァキア、ポーランドの南部および中部、オーストリアとドイツの東部、ルーマニアとバルカン地方、西ウクライナに広く分布している装飾のない手こねの土器で、それにともなう住居や葬制も、一様な文化の広がりを示している。

このタイプの土器の出現は、それまで半放浪的生活を送っていたスラヴ人の定住化と結びついていると考えられる。この文化はおそらく、同じ六世紀ころの文献にその名がみえるスラヴ人の一部族スクラヴェニのものであろう。

つぎに、やはりスラヴ人のものと思われる文化が、六世紀から七世紀にかけてウクライナ中部のペニコフカにあらわれる。このいわゆるペニコフカ式土器文化は、多くの点でプラハ・コルチャク式土器文化と共通性をもっている。この文化はおそらくスラヴ化したサルマティア（サルマタイ）人のもので、六世紀の歴史記録にその名がみえるアンテス人の文化と考えられる。またやはり同じころに、ドニエプル川上流の森林地帯にコロチン・トゥシェムリャ型土器文化があらわれる。この土器はプラハ・コルチャク式土器とは若干の形態の差があり、バルト人あるいはのちにスラヴ化したバルト人の文化ではないかと考えられている。

こうして考古学と言語学の二つの学問分野での研究成果を総合するならば、その故地はともかくとして、移住以前の六世紀前後のスラヴ人の居住域は、カルパティア山脈を南限としてその北と東西に広がるかなり広い地域であったことが推測されるのである。しかし、言語学的に推定される故地にインド・ヨーロッパ語族から分化した原スラヴ人が居住し始めたのは、少なくとも前五〇〇年よりは遅くない時期であると考えられ、その後プラハ・コルチャク式土器文化があらわれる紀元後六世紀までの一〇〇〇年のあいだ、スラヴ人がどのように移動・分散していったかは明らかではないのである。

## 古典古代の著作にあらわれたスラヴ人

スラヴ人自身が九世紀まで文字をもたなかったため、それ以前の古典古代の歴史家の著作は、スラヴ古代史をさぐるための重要な資料である。しかしそのような資料は数少ない。古典古代にギリシア人やローマ人が接触したのは、おもに黒海北岸に居住していた部族やバルカン半島に南下した南スラヴ人であり、北東ヨーロッパに居住していたスラヴ人とはほとんど没交渉だったからである。

**スキタイ時代のスラヴ人**　スラヴ人をさすと思われる民族名が最初に歴史書にあらわれるのは、前五世紀のヘロドトスの『歴史』である。ドニエプル川の河口に滞在したヘロドトスは、そこで当時の黒海北岸に居住していた多くの民族についての情報を集め、著書のなかにその名を列挙しているが、そのなかにはスラヴ人の部族も含まれていると推定されている。

たとえば、ドニエストル川とドニエプル川中流域に居住するとされるネウロイ人は、スラヴ人あるいはバルト人の人狼信仰を思わせる狼への変身儀礼をおこなっていたらしいことが記されている。また、これと区別されている「農耕・農民スキタイ人」と呼ばれていたグループも、多くの学者によってスラヴ人とみなされている。

**スクラヴェニ**　二世紀のプトレマイオスの『地理』によれば、ウラル山脈からスキタイの北部にかけてスオベニと呼ばれる民族が住んでいたとされるが、これは六世紀以降の歴史書にギリシア語でスクラヴォイまたはスクラヴェノイ、ラテン語でスクラヴィ、スクラヴィニまたはスクラヴェニの名で言及されるスラヴ人をさしている可能性がある。ビザンツの歴史家プロコピオスは、その『ゴート戦記』の五三六〜五三七年の項において、このスクラヴェノイという民族がドナウ川の下流に居住していたとしており、またこのスクラヴェノイを後述のアンテスと同じ言語を話す、としている。また同じく六世紀の歴史家ヨルダネスは、その『ゴート史』(五五一年)において、スクラヴォニなる部族がカルパティア山脈とヴィスワ川のあいだに居住していた、と記している。

この部族の名称が、ノヴゴロドに居住していたと伝えられる東スラヴのスロヴェネ族、バルト海沿岸に今世紀初頭まで居住していた西スラヴのスウォヴィンツィ人、現在のクロアチアの地名スラヴォニアなどのそれと同系統のものであることは明らかであり、スラヴ人の総称として用いられているロシア語スラヴャーネなどの語もおそらくここに由来する。その分布を考えるなら、このスクラヴェニは同時代のプラハ・コルチャク式土器文化を担ったスラヴ人であろう。

アンテス　プリニウスは『自然誌』のなかで、アゾフ海とカスピ海のあいだに居住していたアンテス(複数形アンタエ)に言及しており、二世紀のプトレマイオスもこの名で呼ばれる民族が、クリミア半島とドン川河口付近に居住していたと記している。六世紀のヨルダネスは、ヴェネディ族の主要な支族として、アンテスとスクラヴェニをあげ、この二つの民族が同一の言語を話していたことを強調している。ヨルダネスによれば、アンテスは、スクラヴェニの東、ドニエストル川とドニエプル川のあいだに位置を占めていた。しかし彼はまた別の個所では、アンテスとスクラヴェニをヴェネディと別にそれと並列させて言及しており、それらは「ひとつの血で結ばれていた」と表現している。このアンテスは七世紀にアヴァール人に打撃を受け、以降、その名は歴史文献から姿を消す。

アンテスの名称を、東スラヴの部族名ヴャティチに結びつけ、これを東スラヴの直接の先祖とみなす説は、古くからロシアの歴史家・考古学者らによって唱えられてきたが、現在ではアンテスをスラヴ化したイラン系の部族連合とみる仮説も提出されている。

ヴェネディ　プリニウスの『自然誌』は、ヴィスワ川流域に一世紀に居住していたヴェネディ（あるいはヴェネティ）について記しており、九八年に書かれたタキトゥスの『ゲルマニア』は、この時代のヴェネディについて、彼らはカルパティアの東から東ロシアにかけての森林地帯で簡単な住居をつくりながら放浪的な略奪行為をおこなっていた、と記している。また二世紀のプトレマイオスによれば、ヴェネディはヴェネディ湾と呼ばれたバルト海と、同じくヴェネディ山脈と呼ばれたカルパティア山脈のあいだに住んでいた。ヨルダネスが、スラヴ族の総称としてヴェネディを用いていたことはすでに述べたとおりである。このため伝統的にポーランドの学界は、これを初期の西スラヴ人と考え、前述のプシェヴォルスク文化をこのヴェネディ人の文化とみなしてきた。このようなことからプシェヴォルスク文化はヴェネディ文化とも呼ばれる。

しかし、このヴェネディの名で呼ばれる民族の帰属については問題が多い。というのは、現在までの言語学的研究によれば、ローマ時代にヴェネティと呼ばれていた民族は、ラテン語と著しい類似を示すイリュリア語の一方言を母語としており、前二千年紀にはバルト海沿岸に居住していたことが明らかになってきたからである。このイリュリア系のヴェネティと、スラヴ系のヴェネティあるいはヴェネディとの関係は明らかではない。しかし、ヴェネディあるいはヴェネティの名称はおそらくケルト語起源で、イリュリア系のヴェネティが、バルト海からバルカン地方へ南下したのち、名称のみがその土地に東方から移住してきたスラヴ人に転用された可能性が大きい。

## 2　分裂と移住

### スラヴ人の分裂と移住

前節に述べたように、スラヴ人の故地はおそらくカルパティア山脈の北部、プリピャチ川の南に位置していたが、四世紀ころにはすでにスラヴ人は、西はオドラ川流域、東はドニエプル川中流域、北はバルト海沿岸、マズーリ湖沼帯、プリピャチ川にいたる広い領域を占めていた。

彼らはゴート、フン、アヴァールなどの民族移動を契機として、あるものは南のバルカン半島に南下し、あるものは東に、あるものは西に向かった。これが現在の南スラヴ、東スラヴ、西スラヴの起源である。

紀元後の早い時期にヴィスワ川とオドラ川とのあいだに居住していた西スラヴ人の先祖は、ゴート族の移住を契機として三世紀ころからゲルマン人の去ったゲルマニア東部に西進を始めた。五世紀ころの歴史文献は、エルベ川をゲルマン人と西スラヴ系のソルブ族の境界として記述している。六世紀にはスラヴ人はエルベ川の下流を渡り、七世紀ころには現在のドイツのリューネブルク平原、すなわ

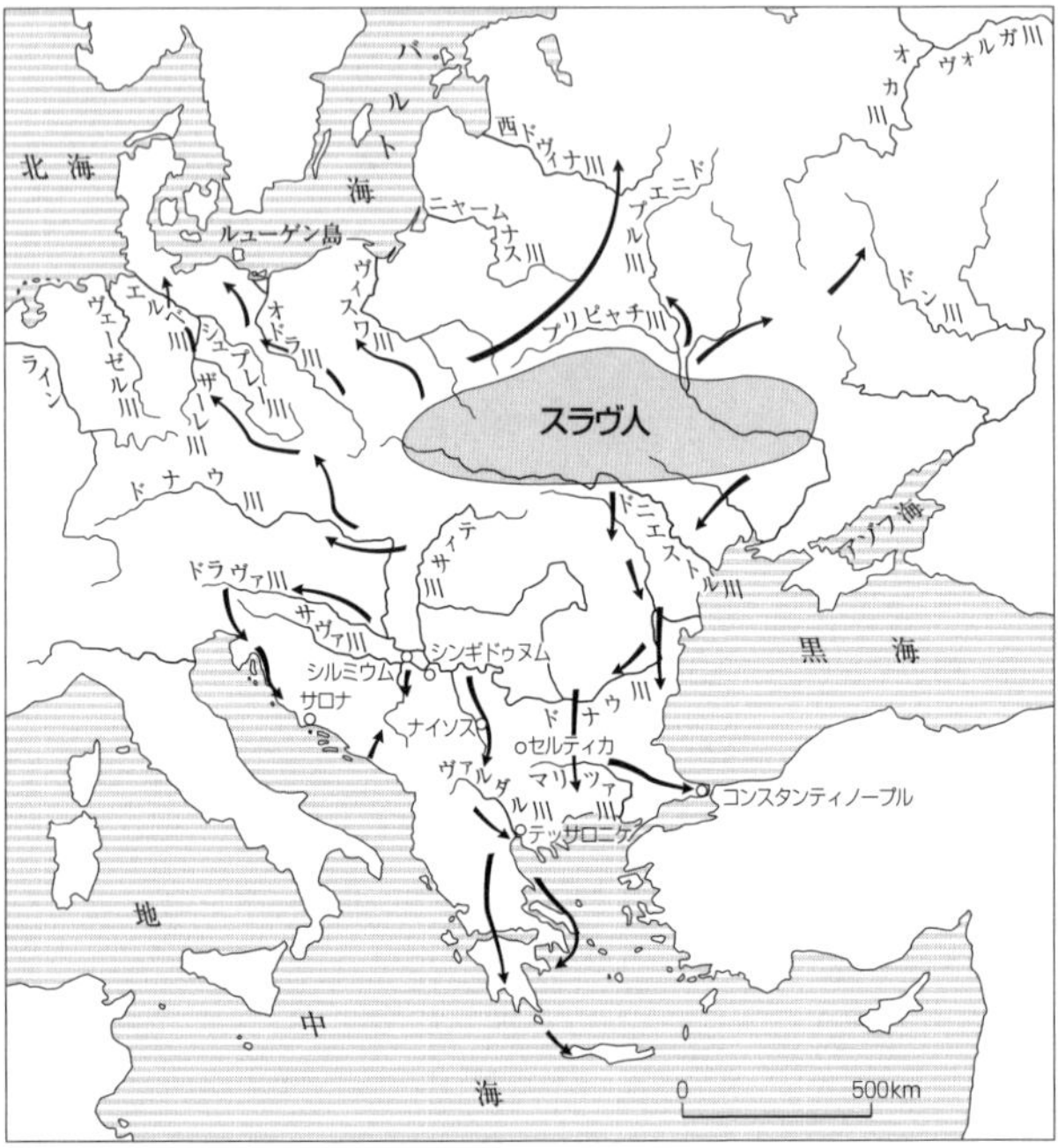

6～7世紀におけるスラヴ人の移住

ちエルベ川とヴェーゼル川のあいだに進出していた。さらにはルギャニェ（ルヤーン）族は、リューゲン（ルギア）島からデンマーク島嶼部にまで進出していた。ザーレ川とシュプレー川のあいだにはソルブ族、ミルチャニェ族、ルジチ（ウジチャニェ）族などが居住し、ゲルマン人をさらに西方へ移動させた。現在のドイツの南東部シュプレー川上流域で話されているソルブ語は、当時のソルブ族のこの地域への植民のなごりである。

プトレマイオスは、その地図のヴィスワ川下流にヴィルツィ（ヴィエレチ）族の名を記しているが、六世紀ころには彼らはオドラ川中流からシュプレー川上流域に移動してきていた。このヴィルツィ族は、またリュテチ（ルチツィ）族と呼ばれ、その中心はブランデンブルクにあった。エルベ川とリューゲン島のあいだのバルト海沿岸地域にはオボドリト（オボドジツェ）族が、その北西にはヴァグリ（ヴァグロヴェ）族が居住していた。エルベ川下流域以北に居住していたいくつかの部族は、ポラーブ（ポワビェ）族と総称された。

### 西スラヴにおける国家形成

ポーランド国家成立以前の西北スラヴには、すでに述べたように多くの部族が居住していた。この当時オドラ川の上流には、シレンジャニェ族が住んでいた。またやはり九世紀なかばには、オドラ川とヴィスワ川のあいだのポモジェ地方に、ポモジェ（ポモジャニェ）族と呼ばれる部族連合が存在して

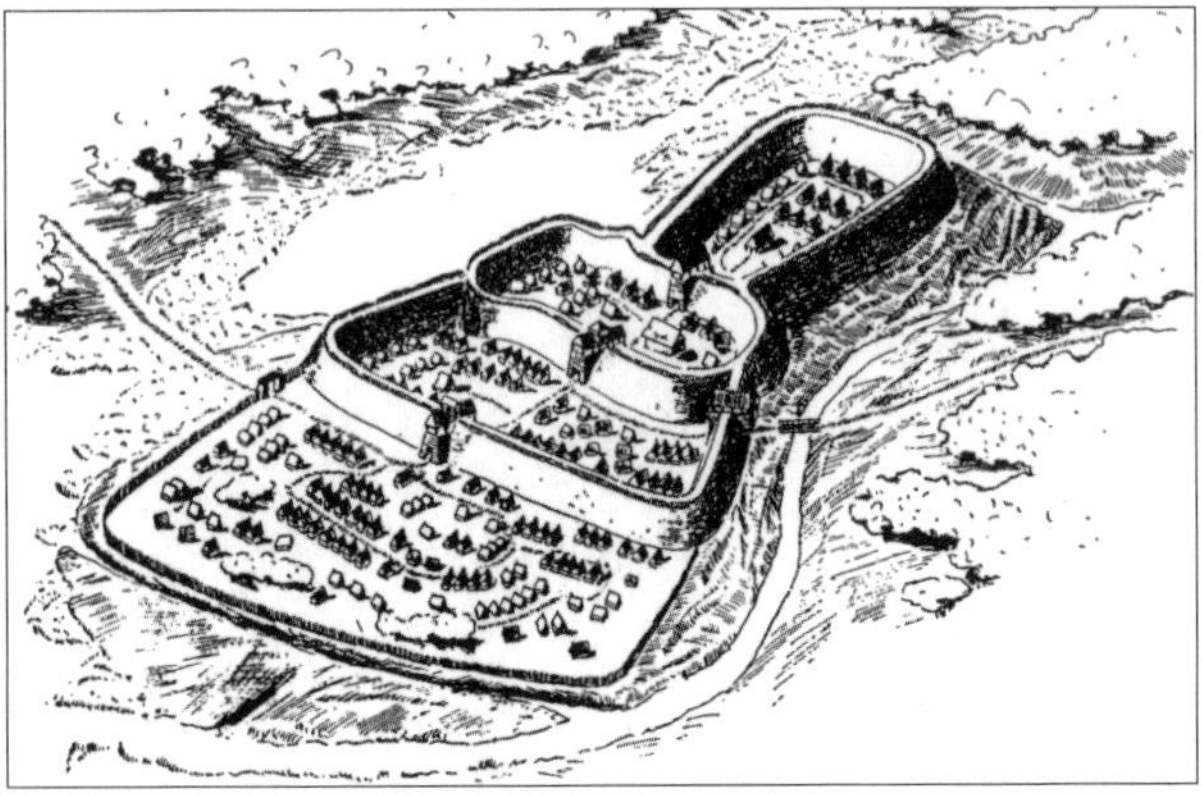

10世紀半ばころのグニェズノの城砦の復元図　湖沼の島嶼状の部分に位置し，上から２番目の所にやがて大聖堂が建つことになる。

いた。このポモジェ族は現在のカシューブ人、今世紀中葉に絶滅したスウォヴィンツィ人の先祖である。またヴィスワ川沿岸には、かなり古くからマゾフシャニェ族が住んでいた。さらにヴィスワ川上流には、ヴィシラニェ族と呼ばれる部族連合が存在した。このヴィシラニェ族は、八七五年ころにはモラヴィア国のスヴァトプルクの支配下にあった。ヴィシラニェ族の領域には、おそらくレンジャニェ族と呼ばれる部族連合が含まれていた。これは、ロシアの『原初年代記』にリャフという名で言及されている部族と同一のものであろう。十世紀半ばになると、ポーランドにおける政治的覇権はグニェズノを中心とするポラニェ族に移り、最初のポーランド国家が建設されることになるのである。

一方、バルト海沿岸、ポモジェ地方の西スラヴ人は、ノヴゴロドを中心とした東スラヴの北部と密接な交流をもっていたことが推測されているが、ポラニェ族のよう

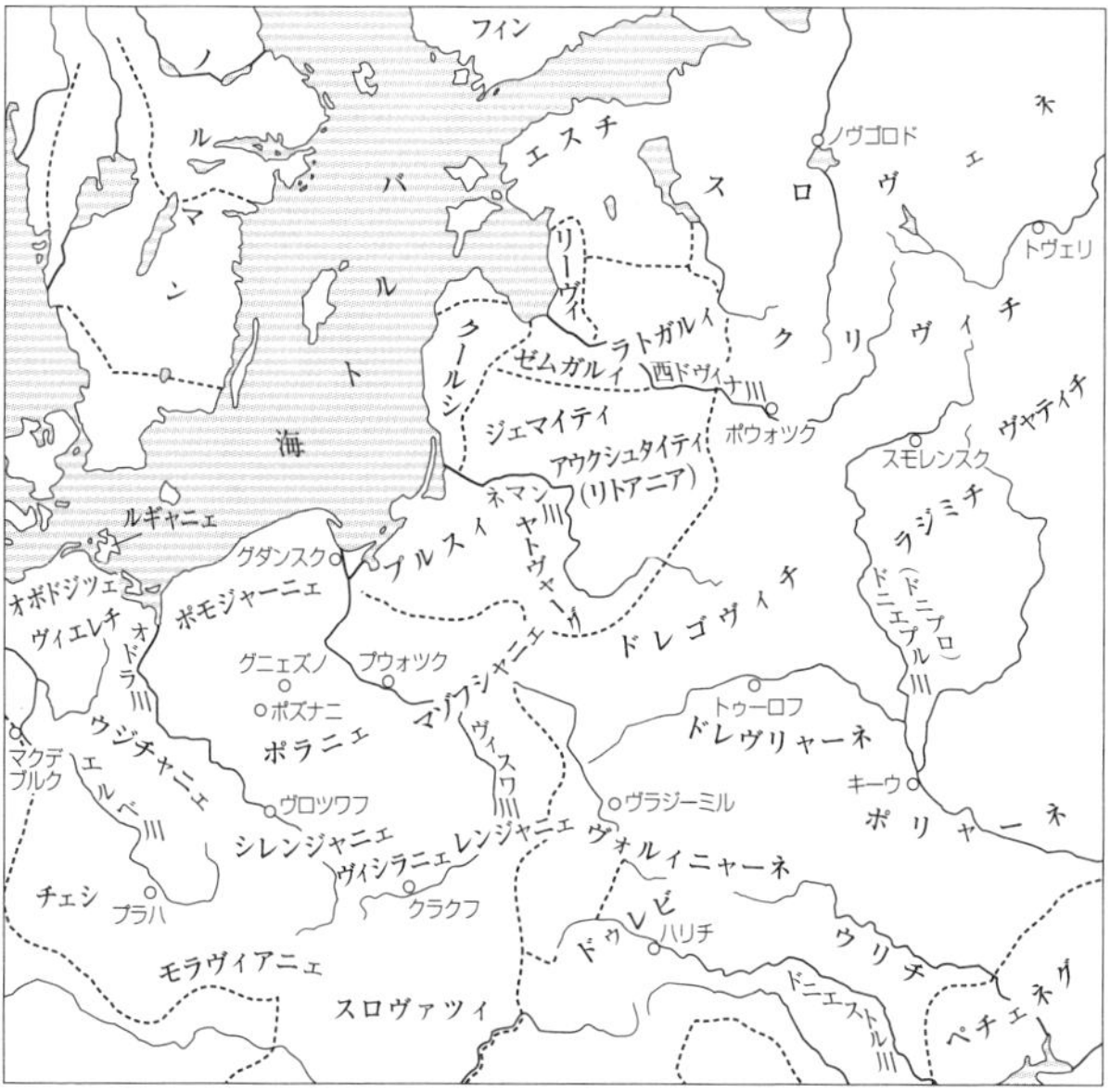

10世紀半ばのスラヴ人およびバルト人諸部族

に部族連合から国家形成の道をたどることなく、その多くが絶滅していったのである。

## 東スラヴにおける国家成立前夜

一方、東スラヴにおいては、キエフ（キーウ）・ルーシの成立以前の状況は文献資料が少ないためにはっきりしないが、『原初年代記』によれば、多くの部族が割拠していた。九世紀ころの東スラヴ人は、チュルク系の遊牧民であるハザール人に朝貢していたことが知られている。

『原初年代記』によれば、そのころの東スラヴには、ドニエプル川中流域に住むポリャーネ族、その西部の森林地帯に住むドレヴリャーネ族、プリピャチ川と西ドヴィナ(ダウガヴァ)川のあいだに住むドレゴヴィチ族、西ドヴィナ川河畔に定住したボロチャーネ族、イリメニ湖畔に住み、ノヴゴロドを興したスロヴェネ族、デスナ川、セイム川、スーラ川のほとりに住んだセヴェリャーネ族、ヴォルガ川、西ドヴィナ川およびドニエプル川上流に住むクリヴィチ族、伝説的にポーランドに由来するとされるラジミチ族とヴャティチ族などが居住していた。また現在のウクライナの西部には、ドゥレビ、ブジャーネ、ヴォルイニャーネなどの部族が住んでいた。

このようにしてヨーロッパ各地に分散したスラヴ人の分布の見取図は、十世紀初頭のマジャール族(ハンガリー人)の中部ヨーロッパへの侵入と、さらにのちのルーマニアの勢力の拡張によって、東西スラヴと南スラヴが分断されることで完成されるのである。

## バルト人の国家形成

バルト人の国家形成以前の歴史についても不明な部分が多い。バルト人は、現在は死語となっている西バルト語(古プロイセン語およびヤトヴャーグ語)を母語とする西バルト人と東バルト語(現在のリトアニア語およびラトヴィア語)を母語とする東バルト人に分けられる。バルト語とスラヴ語との関係についてはすでに述べたように諸説が唱えられているが、少なくとも西バルト語と東バルト語の分化が、スラヴ語の分化に比べてかなり早い時期に起きていること、スラヴ語が東バルト語よりも、消滅した西バルト語とより近い関係にあることは確かなようである。

バルト人は紀元一千年紀には、バルト海沿岸からドニエプル川上流、オカ川流域にいたる地域に居住していた。彼らは地域ごとに部族に分れていたが、多くの場合国家形成をとげることなく他民族に吸収されてしまう。

西バルト系の古プロイセン人(プルスィ族)はバルト海沿岸南部に居住していた。二世紀のプトレマイオスはこの地域に居住していたガリンダイ人およびスヂノイ人について記している。古プロイセン人は十三世紀にドイツ騎士団に征服される。その言語は十八世紀初頭に死滅し、古プロイセン人はドイツ人に同化された。同じく西バルト系のヤトヴャーグ(ヤトヴィンガ)人はネマン(ニャームナス、ニエメン)川とナレフ川のあいだに居住していたが、十三世紀にリトアニアの支配下にはいり、その後リトアニア人に同化した。ヤトヴャーグ語も十七世紀ころに死滅している。

プトレマイオスの「ガリンダイ人」と関係があると考えられるゴリャヂ族は、紀元一〇〇〇年ころにバルト人のなかではもっとも東の地域、オカ川の支流プロトヴァ川沿岸に東スラヴ系のヴャティチ族とクリヴィチ族に挟まれて居住していたが、早い時期にスラヴ人に同化した。東バルト系の民族では、現在のラトヴィア東部ラトガレ地方に居住していたラトガルィ族が十世紀から十三世紀にかけてコクネセ、エルスィカ、タラヴァの諸都市に「公国」を建てる。このラトガルィ族の名称が、のちの「ラトヴィア」の語源となった。

東バルト系の他の民族は、多くのちのラトヴィア人の民族形成に参加することになる。ラトヴィア西部には古くからクール(クールシ)族が居住しており、この地域はクールサ、クルゼメ、クールランドと呼ばれていた。クール族は七世紀から八世紀にかけてスカンディナヴィア人の来襲を撃退したが、頑強な抵抗ののち、十三世紀にリヴォニア騎士団に征服され、十七世紀にはラトヴィア人に吸収される。また現在のラトヴィア中部リエルペ川流域に居住していたゼムガルィ族も十三世紀にリヴォニア騎士団に征服され、やはりのちにラトヴィア人に同化する。ラトヴィア北部と東部にはフィン・ウゴール系のリーヴィ人が居住しており、この地域はリヴォニアと呼ばれることになるが、彼らもしだいに、ラトガルィ族とクール族に同化していった。

リトアニアでは一二四〇年ころに統一国家の段階に達し、リトアニア人の民族形成もほぼこのころと考えられる。一方、リトアニア西部には古くからジェマイティ族が居住しており、十三世紀にはラセイニヤイに独立した公国を建てた。十四世紀にはプロイセンとリヴォニア両騎士団から激しい攻撃を受けたが、十五世紀初頭にリトアニアに併合される。

第二章 中世のポーランドとバルト諸国

## 1 十〜十三世紀のポーランド

### 初期ピャスト朝国家

ポーランド国家形成の核になったのはヴィエルコポルスカ地方（大ポーランド。グニェズノやポズナニの城砦が拠点）に居住したポラニェ族であり、その君主、ミェシュコ一世公（在位九六〇頃〜九九二）の名がはじめて歴史に登場するのは九六三年である。十二世紀初めのポーランド最初の年代記（『ガル・アノニムの年代記』）は、公家の系譜として農夫のピャストを始祖におき、三代をへてミェシュコにいたると述べているが、本格的な統合はようやくこの十世紀後半に急速に進んだものとみられる。ともあれ、彼の治世中に東西ポモジェ（沿海地方）、シロンスク（シュレジエン。ヴロツワフが中心）、マウォポルスカ（小ポーランド。クラクフが中心）の併合に成功し、今日の国家領土に近いかたちの領域ができあがった。統合の推進力は「三〇〇〇人」を擁したといわれる従士団であった。

西方キリスト教をこの国に導入したのもミェシュコであった(九六六年)。この結果、彼は文明世界の君侯としての地位をえ、ザクセン家のオットー大帝と友好関係を築くことができた。しかし、改宗に際しては、彼は明らかにザクセン系の聖職者の影響下にはいることを避けている。ザクセンの聖職者は当時、東方のスラヴへの布教を目的としてマクデブルク大司教座の設立(九六八年)を準備していたが、ミェシュコはまずチェコ公の娘と結婚し、おそらく、ザクセンと対立状態にあったバイエルンの聖職者から洗礼を受けた。また、九六八年にポズナニに設置された司教座はローマに直属し、九九一年には教皇に臣従の文書を提出した。当時の教会は国家機関の一部であった。ミェシュコの周到な教会政策には、神聖ローマ帝国への配慮とともに、帝国から国家の独立性を守ろうとする意図をうかがうことができる。ポラニェの国がこのように比較的自由な外交を展開できた理由のひとつには、エルベ川とオドラ川のあいだに原始宗教にとどまる西スラヴ系の部族連合が存在し、皇帝はその戦いのためにミェシュコの協力を必要としたことがあった。

その子ボレスワフ一世(在位九九二〜一〇二五)の時代は二つの段階に分かれる。最初の一〇年間は皇帝と同盟し、国家の強化につとめた時期であった。とりわけ、九九七年、プラハ司教ヴォイチェフ(アダルベルトゥス)がボレスワフの援助を受けてプルスィ族への伝道に向かい、殉教し、聖人に列福されたことが両者の関係を強めた。一〇〇〇年、聖ヴォイチェフの墓参りのためにグニェズノをおとずれ

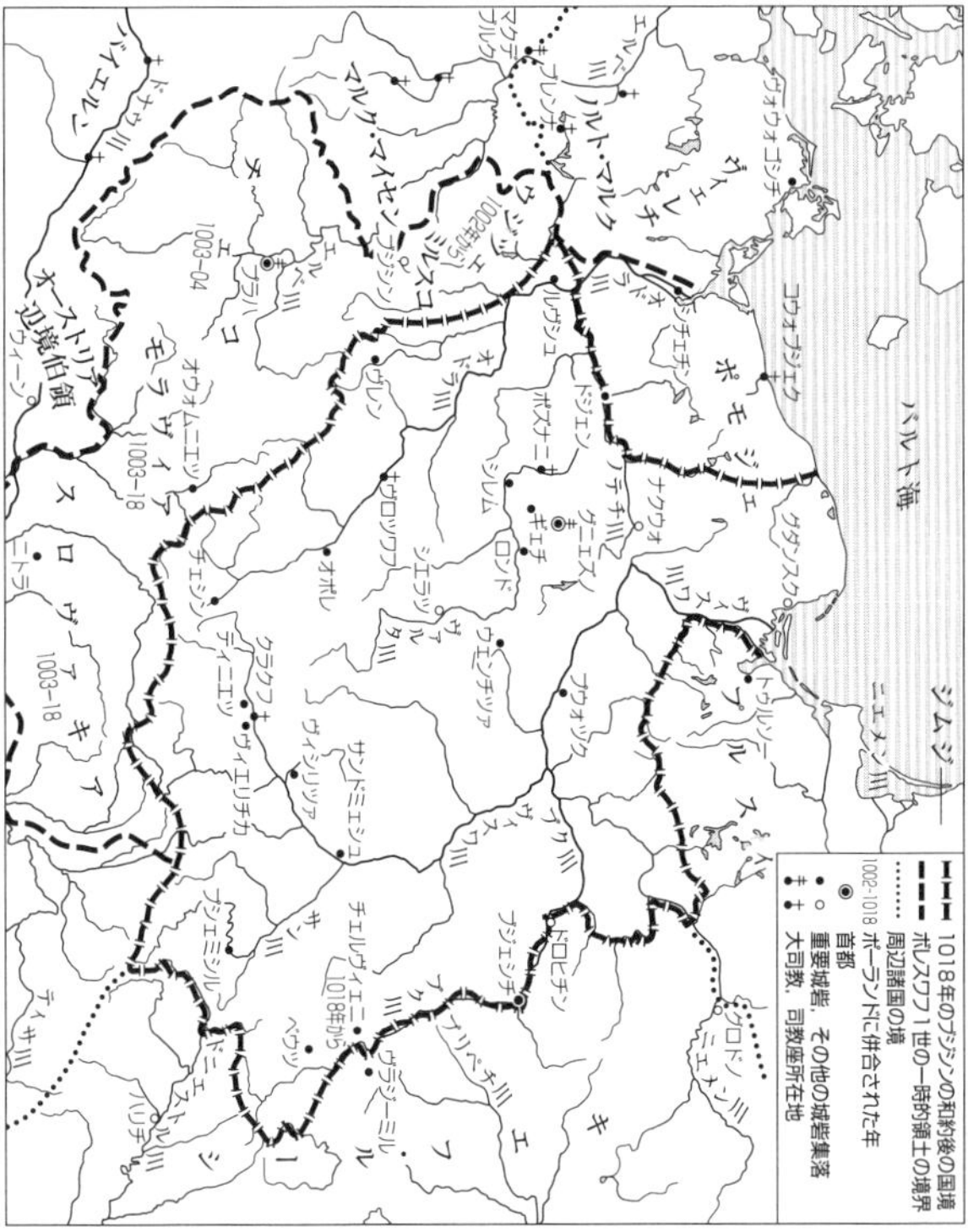


ボレスワフ１世時代のポーランド

たオットー三世は、グニェズノ大司教座(その下に四つの司教座)の設置を認可した。これは教会の面でポーランドが独立した組織をもったことを意味した。皇帝はさらに、四つの王国からなるローマ帝国の復興を考えていた。彼がそのひとつの西スラヴの王として想定したのはボレスワフであった。

一〇〇二年、オットー三世が急逝するとボレスワフは西に軍を進め、プラハをも支配下においた。この行為は帝国との長い戦いに発展した。この間ポモジェ全土がポーランドの支配から脱した。一〇一八年の和約で彼は征服地の一部を維持したが、西スラヴ統一国家の構想は破産した。それでも一〇二五年にはグニェズノで戴冠式が挙行された。ローマからえた王冠と塗油は、ポーランド国家の一体性とドイツ王国にたいする対等性とを象徴し、ここにミェシュコ一世以来の路線が完結した姿をみることができる。

だが、次男のミェシュコ二世(在位一〇二五〜三四)は王国を維持できなかった。兄弟が皇帝やキーウと手を結んだ結果、王は一〇三一年にはチェコへの亡命をよぎなくされた。彼は翌年には帰国したが、父が得た新領土と王号を放棄した。彼の急死から一〇三九年までのあいだにはピャスト国家が消滅する状況さえ生じた。この間に発生した事件(その年代順は不明)は、その子カジミェシュ一世の追放、農民反乱、一〇三九年のチェコ軍の襲来である。民衆蜂起は反キリスト教の性格をもち、ヴィエルコポルスカでもっとも激しかった。チェコはシロンスクをも併合し、プウォツクを中心とするマゾフシェでは宮廷官のミェツワフが支配権を確立した。

## 再建から分裂へ

カジミェシュ一世復興公(在位一〇三四、三九〜五八)は皇帝から「五〇〇人」の騎士をえて帰国し、またキーウと同盟することで、西ポモジェを除く全土をふたたび統合した。この時代に国家の中心はマウォポルスカのクラクフに移った。その子ボレスワフ二世(在位一〇五八〜七九)の治世には教会制度も再建され、国家の再興に一区切りがついた。ポーランドはふたたび最初の君主たちの政策に戻った。叙任権闘争に際して彼は教皇グレゴリウス七世の側に立ち、この功績で一〇七六年には王冠を得た。だが祖父の時と同様に、君主権の強化を恐れる反対派が結集した。王はクラクフ司教スタニスワフを処刑したが、逆にハンガリーへの亡命を強いられ、一方の司教はやがてポーランドの第二の聖人の席を占めることになる。

弟のヴワディスワフ・ヘルマン公(在位一〇八〇〜一一〇二)は帝国の宗主権を認めた。内政では、宮宰《ヴォイェヴォダ》のシェチェフが下級騎士を登用しながら、専制的な統治を築こうとした。しかし貴族層の抵抗にあい、彼は追放され、公は腹違いの二人の息子に国を分けた。

ヘルマンが死去すると二人のあいだに対立が生じた。国を追われた兄は皇帝に援助を求め、ポーランドは一一〇九年にドイツの攻撃を受けた。ガルの年代記はこのときのボレスワフ三世(在位一一〇二〜三八)の檄をこう伝えている。「余は臣従のくびきのなかでポーランド王国を永遠に保持するよりは、王国の自由を守りながら、王国を失うほうを望む」。こののち彼は東西ポモジェの再征服を始め、一一二四年までに完了した。続いてポモジェへの布教と司教座の設置がおこなわれた。だが晩年、近隣諸国からの攻撃と圧力とを受けた公は、一一三五年、皇帝の調停を求め、ポモジェのみならず、ポーランド全体をも帝国の封土と認めた。

ボレスワフ三世のいまひとつの歴史的行為に五人の息子たちへの「遺言」がある。これは、彼らに国を分けたうえで、なおかつ国家としての統一性を保つために、ピャスト家の最年長者が大公位に就き、国家を代表する原則を定めたものである。それぞれの取り分は相続財産ではなく、また大公は若年公の領内の主要な城砦を支配すると同時に、クラクフからグダンスクにいたる中央部の地続きの一帯が不分割の大公領として設定されたとみられる。西ポモジェへの宗主権も年長公がもった。しかし、兄弟が一人支配の復活をめざしたり、大公の地位や子孫への相続権の確保にしのぎを削ったりするなかで、分領地は自立化して排他的な領域的支配権をもつ公国となり、年長公制自体も挫折した。その画期は、三男のミェシュコ老公と末子のカジミェシュ公正公とのあいだで大公位争いが始まる一一七七年、あるいは老公が死去した一二〇二年であった。

## 初期中世の国家と社会

一〇〇〇年ころのポーランド国家の面積は二五万平方キロ、人口は一〇〇万人程と推定される。国土は原生林で覆われ、河川・湖沼の島嶼部やその際《きわ》、森の側やそのなかの開墾地などの安全な所に小集落が点在し、各世帯の畑も散らばっていた。そうしたなかで異彩を放っていたのが城砦《グルド》であり、砦状の複数の居住区（ポドグロージェ）を付設するものもあった。石造の礼拝堂や教会は最初ここに建設された。おおむねそのような景観をもった十〜十二世紀のポーランド国家や社会の仕組みを正確に知りうる同時代の史料はない。したがって、その基本的な姿は、十三世紀に大量に発給され始めるインムニテート（不輸不入）文書から割り出しうる情報と、十二世紀のガルの年代記や少数の文書から読み取りうる知見とを照合しながら組み立てられることになる。

地方統治の要は城代《カシテラン》を長官とする城砦であり、その管内にはオポレと呼ばれる地域共同体が存在した。主要な城砦は「王国の主たる都」と位置づけられ、州都の役割をはたし、軍の基本単位であった。中央政府に相当する公とその宮廷は国内を頻繁に巡回しながらその権力を行使した。住民は国家＝君主にたいしてさまざまな義務をもつ集団に組織された。インムニテート文書には「公の権利《ユウス・ドゥカーレ》に基づく諸負担」ということばが登場する。この範疇の負担のすべてを負っていたのが一般農民であった。その負担は、不明の部分が多いが、定期の貢租と臨時の義務とに分けることができる。定期貢租には、各世帯が負うものとして、穀物貢租に転化したストルジャ（城砦の見張り番役）、時代や地方によって課税単位が雄牛の頭数《ポヴォウオヴェ》・犂の数《ポラドルネ》・家屋《ポディムネ》と異なる穀物貢租、蜂蜜や穀物・干草が要求される「接待義務《スタン》」があり、そのほかに、集落に豚《ナジャズ》や雌牛《ポドゥヴォロヴェ》・羊の供出が課された。ヴィエルコポルスカと東ポモジェではオポレの共同体に一頭ずつの雄牛と雌牛の提供義務（オポレ）があった。臨時の義務としては、城砦・

橋・道路・防御施設の逆茂木《さかもぎ》の建設と補修、地域防衛への参加、君主や役人の送迎《ポヴズ》、物資や犯罪人の輸送《プシェヴド》、馬・牛・荷車の貸し出し《ポドヴォダ》が課され、このうえに臨時の犁税《ポラドルネ》と実際の接待義務があった。後者は、宿営したり、通過したりする公や役人の一行を村人が供応する義務であり、一種の略奪であった。

ポーランドでは、楯師、パン焼き人、犬飼い、豚飼い、養蜂人といった名称をもつ地名が今日でも四〇〇程存在する。彼らは「公の奉公人《スウジェプニ》」と呼ばれ、農業を糧としながらも公の権利の諸負担のほとんどを免除され、特定の手工業製品や家畜、サービスの提供を義務づけられた。その職種は五〇種程にのぼった。

軍事力の要であった従士団は十一世紀半ば以降削減されたとみられる。彼らの多くは土地をえ、騎士として軍役をはたした。給付地はまもなく貴族の所有地と同様のいわゆる自有地《アロディア》に変化した。このほかに、古くからオポレ内に定住し、部族時代からの総動員義務を一貫してはたしている戦士層(ヴォイヨヴィエ、ヴヴォディツィ)の存在が想定できる。アロディアと軍事勤務は相関関係にあり、したがって、戦士層の直営地の部分にたいしても国家への負担は免除または軽減されたはずである。しかし、土地の所有形態や自由十分の一税の権利(納入先の教会選択権)は同じでも、宮廷や地方職で高位を占め、伯《コメス》と呼ばれた貴族と一般騎士層や戦士層とのあいだの社会的地位の相違は大きかった。

君主は、主として軍事遠征の際の虜囚である奴隷や流民を使って私家領を組織した。貴族や一部の騎士も規模に差はあれ、この種の労働力を利用して直営地を経営した。

これが前述の遡及《そきゅう》的な方法によってえられる初期中世の国家と社会の基本的な姿である。オポレ内の農民は部族時代の自由民としての地位をいぜんとして保っており、公・貴族・教会はまだ彼らを完全に従属させ、それぞれの私有民(農奴)とすることはできなかった。しかしその一方で、国家は部族全体がその構成員にたいしてもっていた貢租や労役の徴収権と強力な規制力とを受け継ぐとともに、強大な軍事力をもって民の負担を増大させ、精巧な収奪システムをつくりあげた。つまり、公・貴族・教会は、各地に配置された城砦が公的な名目で社会から吸い上げる財と労働力とを分け合い、この収入を主たる財源として国家を運営した。収奪する財と労働力とが多岐にわたり、しかも「公の奉公人」制度が設けられた背景には自給自足を建前とする自然経済の要請があった。このような国家・社会のありようをポーランドの史学は「公の権利体制」と称している。もちろん、この公の権利体制のモデルは、その体制の社会経済的基盤を掘りくずす現象が十二世紀にはあらわれ始めていたことをも視野にいれている。教会の大土地所有、初期都市的な市場集落、貨幣経済の発生である。市場取引税、関税などの貨幣収入は、裁判料とともに公の権利体制の重要な財源となっていた。

一九六〇〜八〇年代に唱えられたこのモデルにたいしてすでに鋭い批判が加えられている。遡及的な方法への疑問、精巧な体制の起源をどこまでさかのぼりうるのかという問いである。高度な地域行政職として位置づけられるポーランドのカシテラン職は十二世紀半ばの東部ドイツにあらわれるブルクグラーフ(城代・城伯)を連想させるし、「公の権利」の諸負担の一部や「公の権利」の概念そのものは王の高権《レガリア》概念に相当する。そのレガリア概念が帝国で精緻化されるのは十二世紀後半の皇帝フリードリヒ一世の時代である。それゆえ、この公の権利体制の確立をミェシュコ一世やボレスワフ一世の国家形成期におくとすれば、ポーランドの国家システムはドイツより遥かに進んでいたことになる。カシテラン職の導入や前述の税体系の完成過程は早くともミェシュコ老公に始まり、十三世紀前半までに確立したとする見方さえある。また、貴族の土地所有の規模も、十二世紀後半の段階では、このモデルが想定するよりも大きかったという見解もある。

## 封建的分裂の深化とドイツ東漸運動

一二〇二年のミェシュコ老公の死でボレスワフ三世の息子たちはすべて世を去った。このときまでに子孫を残すことができたのは三人だけであり、その子どもたちがかつての大公領をも侵食しながら、分領ピャスト家の家系と領域を確立していった。大公領の中心であったクラクフの公位にはカジミェシュ公正公の長子レシェク白公が座し、マゾフシェとクヤヴィの公国を興したのは次男のコンラド・マゾヴィエツキであった。ヴィエルコポルスカの公家は老公の子孫がつくった。一方シロンスクは、大公の地位を追われ、ドイツで客死したヴワディスワフ追放公の二人の息子によってすでに二分されていた。また東ポモジェも一二二七年に在地の貴族が公位をえて、公国化した。

この後、子孫がふえるに従って細分化がさらに進行した。その原因は国家・社会の封建化にあった。

聖俗の貴族や騎士は分国を形成しようとする若年公を支えることで土地やインムニテート特権、官職をえ、領主的土地所有の充実と拡大、あるいは領域権力の確立をめざした。もっとも世紀前半には統一への動きもみられた。その代表は下シロンスクのヘンリク髭公とその子ヘンリク敬虔公である。だが、両ヘンリクの事業は一二四一年四月九日、水泡に帰した。この日モンゴル軍とレグニツァで戦い、敬虔公は戦死した。

　分裂の進展状況には地域差があった。十三世紀半ば以降もっとも細分化が進行したのは上下シロンスクであった。コンラド・マゾヴィエツキの領国は二つに分かれたが、マゾフシェ自体が強い分裂状態に陥るのは十四世紀である。クラクフ公国はいっそうの分領をまぬがれた。この公国にたいしては、たしかに公正公の子孫が強い権利をもっていた。だが、ここの公位は選挙制に近く、それゆえ、分裂をまぬがれただけでなく、大土地所有の発達が比較的早く、聖俗の高官が主導する封建集会《ヴィエツェ》が政治のうえでも重要な位置を占めた。サンドミェシュ公国も、クラクフと密接に結ばれていた関係でやはり分裂は起こらなかった。ヴィエルコポルスカも比較的一体性を保った地域であった。プシェミスウ一世とボレスワフ敬虔公のときにポズナニとカリシュの二公国に分かれたが、一二七九年、両公国はプシェミスウ二世のもとにおかれた。西ポモジェでは、十二世紀前半に成立した独自の公家のもとで、ヴォウォゴシチ公国と南のシチェチン公国という大枠がすでにできあがっていた。

　この時代、教皇庁は諸公にたいし強い影響力を行使した。だが、領邦の成長で神聖ローマ帝国は往

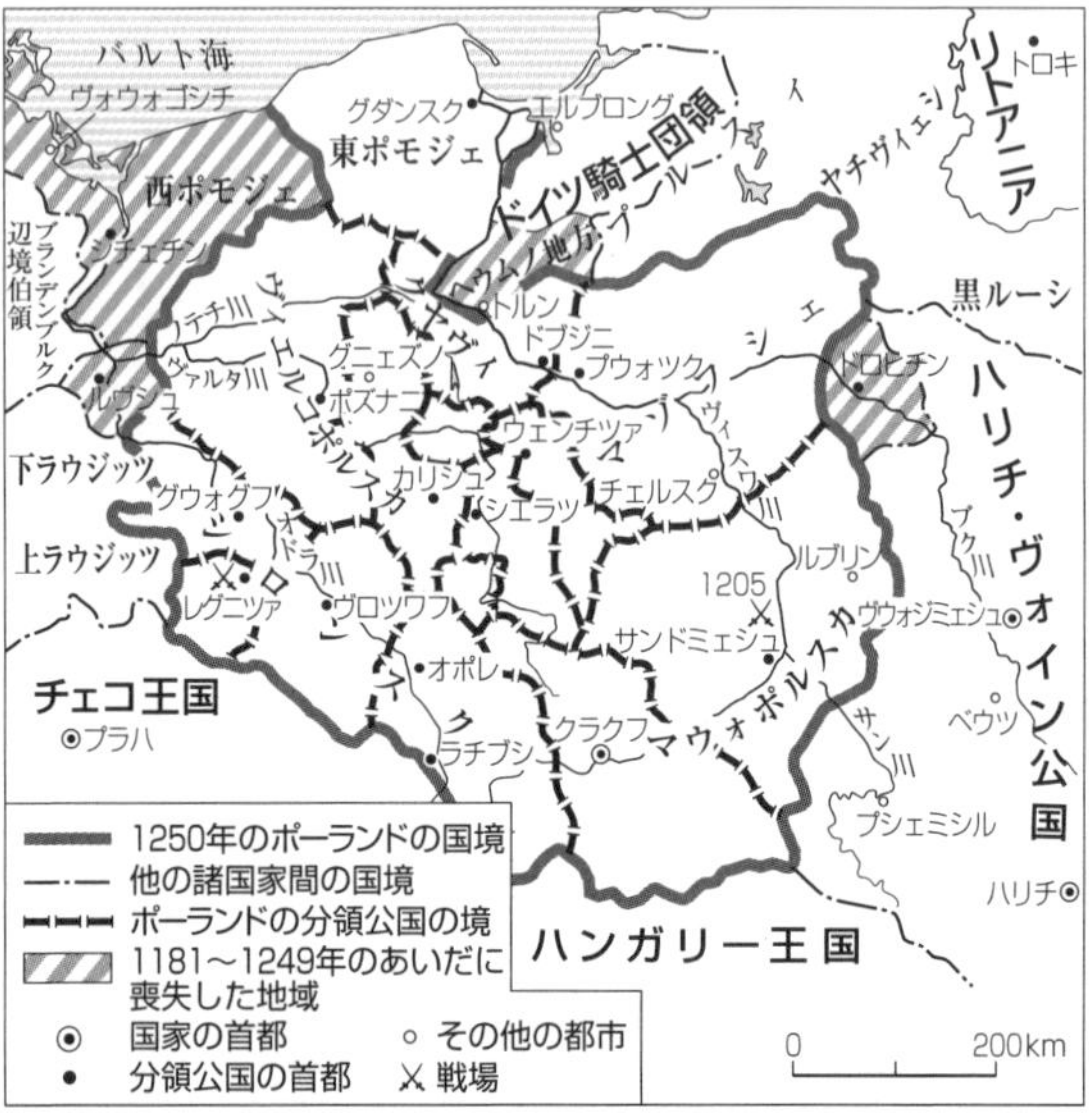

1250年ころのポーランド

1241年のレグニツァの戦い　平原での戦いに勝ったあと，敬虔公の首を掲げてレグニツァの城を攻めるモンゴル軍(ルビン修道院に伝わる1353年作の聖ヤドヴィガの絵画伝より)。

時の勢力を失い、ルーシ、チェコ、ハンガリーはそれぞれ分裂するか、長い戦争状態にあった。しかしピャスト諸公は、この有利な国際情勢を利用できなかっただけでなく、その短絡的な政策の結果、後世に大きな禍根を残した。かつての皇帝側からの脅威とは基本的には宗主権要求の問題であった。その危険はほぼ去ったが、ピャストたちはあらたに、領土の侵食を目的とするドイツの二つの領邦の出現を許したのである。

十三世紀前半、プルスィ人の遠征がマゾフシェと東ポモジェに大きな被害をもたらした。国内ヤルーシの問題に手間どっていたコンラド・マゾヴィエツキは、ヘウムノ地方の贈与を代償として彼らの教化と征服をドイツ騎士団に託すことを考えた。だが、この戦う修道士の団体は、皇帝フリードリヒ二世から帝国諸侯と同等の権限ですべての征服地を支配する権利をえて、一二三〇年にヘウムノ地方にはいった。一二三三年のヘウムノとトルンをはじめとして、まずヴィスワ川、ついで海沿いにつぎつぎと都市が設置された。一二六〇〜七四年のプルスィ人の大蜂起の鎮圧後、内陸部の征圧が始まり、一二八三年にはプルスィ全土の征服が完了した。ドイツ人の農民や都市民の活発な入植が続いた。こうして、十字軍運動の粋を結集したドイツ国家がヴィスワ川下流の右岸に成立した。彼らはプルスィをドイツ語化してこの地をプロイセンと呼んだ。

一方、十三世紀初めまでにオドラ川下流域に達したブランデンブルク辺境伯は、一二五二年、ポーランドの西門にあたるルブシュを獲得した。これはシロンスク諸公の内戦が原因であった。この後、彼らはノテチ川北岸を東に進み、「新辺境伯領」を建設した。その目標はポモジェの支配にあり、すでに一二三四年、西ポモジェに宗主権を認めさせ、一二七一年には一時的にせよ東ポモジェのグダンスクを占拠した。二つの領邦の動きは中欧とバルト海一帯の征圧に向かうドイツ東漸運動の一環であった。キプチャク・ハン国のタタールやリトアニア人の襲撃もポーランドに大きな被害をもたらした。

## 「国土《メリオラティオ》の改良《テラエ》」

十三世紀は社会経済制度の面では画期的な転換期であった。君主が発給する経済・司法上の免除(インムニテート)特権によって農民集落が城砦管区やオポレの共同体から切り離され、聖俗の貴族や騎士層に直接従属するようになる。ことばをかえれば、君主を含む支配層の財政基盤が公の権利の諸負担のわけまえという公的な収入から、私領地が生み出す私的な収入へと移行し始めた。この土地領主制の発達を主導したのは教会であった。一一三六年付の教皇文書によれば、グニェズノ大司教の所領のうち、ジニンの城砦管区内の領地は広大で、大司教はここで城砦がもっていた権限(公の権利の諸負担の取り立て権、そのうちの城砦の取り分と裁判権)の一切をえていた。この種の大所領は十三世紀の文書では「教会カシテラン領」として登場するが、大司教や司教らがある城砦の長官(カシテラン)に任命されるという同じ方法で大所領をえた司教たちは、やがて所領内の一般農民と奴隷との区別を解消し、彼らを「教会の民」または「登録民」と位置づけ、移動を禁じた。同時に教会がめざしたのは、登録民にたいして君主がいまなお維持する諸権利（諸負担の君主の取り分と上級裁判権）の大部分を所領全体にわたって放棄させることであった。この大規模なインムニテート特権の発給は、それぞれの公国で一二二〇年代から実現し始めた。

このような土地領主制と農奴制への変化は農民にも生活条件の改善への展望を開くものであった。融通のきかない公の権利体制から解放される結果、開墾などの際、領主と農民間で比較的自由に労働の質と需要に応じた関係が設定できるからである。

だが、十三世紀の改革をうながす主たるモデルとなったのは、段階的なインムニテートと農民の開墾作業との相乗作用で徐々に形成されるあらたな慣習ではなく、ドイツ人の植民であった。その導入の先鞭をつけたのが下シロンスクのヘンリク髭公である。公は世紀初頭、スデティ山麓の一画にドイツ人を入植させた。彼らの村では、谷間の流れにそった道路沿いに家屋が建てられ、その屋敷地から耕地が森に向かって長く延びていた。本百姓の持ち分はワンと呼ばれ、約二三ヘクタールあった（大ワン）。一方、平地部のシロダの周辺にもドイツ人の村が誕生したが、その畑は三圃制で、三つの圃を合わせた一ワンの面積はおよそ一七ヘクタールであった（小ワン）。家屋も楕円形の広場や道路沿いにやや密集して配置された。

この事業は「国土の改良」と呼ばれ、その際公は入植民が持ち込む生活条件や慣習を認めた。それは二つの地域で集落と耕地の形態が異なるように二種類（フランケン法と、オランダ法またはフランドル

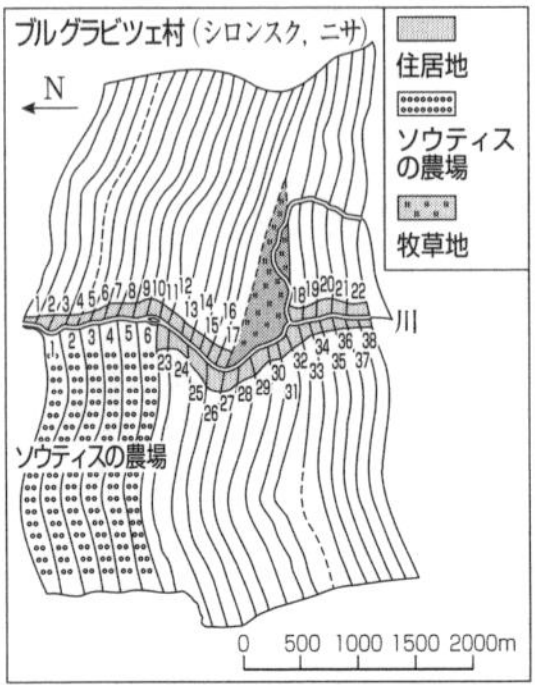


村の耕地は38農家に属する38大ワンと6大ワンのソウティスの農場で構成。

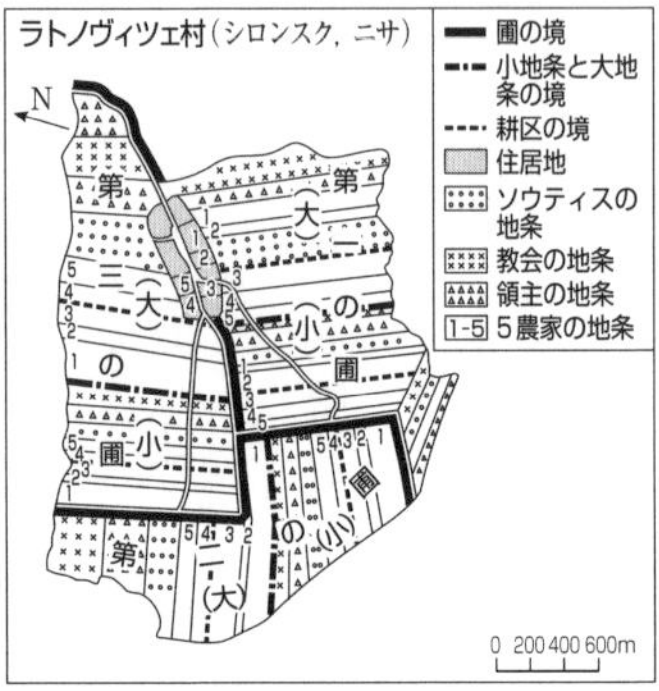


大地条と小地条をそれぞれ3つもつ三圃制で，各圃には耕区がある。

ドイツ植民の村の2つの形態〔左が山麓の森の法(フランケン法)の村，右が平地部の三圃制(フランドル法)の村〕

法)あったが、ポーランドでは、それらの本質が似ていたため「ドイツ法」と総称された。共通する原則には、人身の自由、自由に相続や処分ができる土地用益権、下級の自治裁判権の三つがあった。領主への負担(地代)は定額の貨幣、または貨幣と穀物の混合で支払われ、賦役は課されたとしてもほんのわずかでしかなかった。地代の免除期間も設定された。教会への十分の一税は負ったが、国家にたいする義務は地域防衛への参加と臨時税の支払いのみであった。村の法廷では裁判法も含めてマクデブルク市の法が適用された。それゆえ法廷も農民のなかから選ばれる参審人と裁判長である世襲のソウティス(シュルトハイス)とで構成される。ソウティスには通常、村の建設を請け負った者が就いた。その地位は領主の封臣であり、騎馬軍役の義務を負うが、地代免除の農場をはじめ多くの経済的特権をもっていた。

このような方法で自治集団を定住させることを「建設《ロカツィア》」

というが、「建設」に際しては原則として「公の権利」の完全な放棄、つまりは完璧なインムニテートを必要とすることがわかる。ドイツ法の地代や裁判のあり方は公の権利体制下や、半端なインムニテート特権によるその修正された制度下のもの（これらポーランドの制度はドイツ法と区別するためにしばしば「ポーランド法」と呼ばれた）とまったく異なっていたからである。ゆえに髭公は、公の権利体制の維持をもめざして「建設」を外国人のみに限定しようとした。だが、一二二八年にはポーランド人の入植者にドイツ法が適用され、一二四七年には既存の集落に同法を与えて改造をはかる動きもあらわれた（このような場合には裁判法はポーランドのものが維持された）。ドイツ人農民は西ポモジェや下シロンスクを除き、それほどポーランドの内陸部にははいらなかったが、ドイツ法自体はこうして全土に普及し始めた。

　都市の「建設」も同時に進行した。ドイツ植民の導入の目的は、都市と農村の複合的開発によって私領の充実と貨幣経済の進展とをうながし、支配を合理化することにあったからである。都市の建設の手順や市民の権利は原理的には農村と同じであり、リューベック法のポモジェの数都市を除き、マクデブルク法やその変種に基づいていた。だが、経済的機能と経済力の違いから当然差はあった。とくに一二四〇年ころにはドイツ法都市のあり方も成熟し、このころ以降に建設された比較的大きな都市（ヴロツワフ、ポズナニ、クラクフなど）は、計画的な都市空間（碁盤目状の街路とその中央に方形の市場広場《リネク》）と、市民の自治組織として参審人法廷のほかに市参事会をもち、煉瓦造の市壁の建造もある程度最初から想定されていた。これにたいし、建設時期の早いシロンスクのシロダは、当初、「都市」ではなく「新市場」と呼ばれ、拡張された道路が市場広場の役割をはたした。

ただ都市民の自治も当面は大きな制約を受けていた。農村のソウティスに相当する世襲のヴイト（フォークト）が事実上の都市の支配者であった。都市自治は十四世紀以降、市参事会がヴイトの権利を購入することで成熟の域に達した。都市領主は教会を除き、ドイツ人だけでなくユダヤ人も歓迎した。カリシュ公国のボレスワフ敬虔公が一二六四年にユダヤ人を対象として発給した特権は、ユダヤ人の共同体を君主の保護下におき、ドイツ法都市の権力機構から切り離した。

都市化にも地域差があった。シロンスクでは十三世紀末までにおよそ一〇〇都市が建設され、都市網が完成した。ヴィエルコポルスカでは約四〇、マウォポルスカでは三〇都市程で、マゾフシェは四都市にすぎなかった。市場経済が発達しだすと大方の「公の奉公人」の義務は徐々に通常の農民の負担に変えられた。

## 身分制社会の胎動

十三世紀の変化はポーランドの社会が西欧的な身分制社会へと再編され始めたことを意味した。もちろん、この世紀中に「身分」の域に達したのは聖職者だけであった。独身主義と聖堂参事会による司教の選挙制とが始まり、教会法廷の自治が確立した。貴族と共有するインムニテート特権も聖職者の身分を際立たせる重要な指標であった。

貴族・騎士戦士層は十三世紀半ばにはまだ法的に多様なグループに分かれていた。一二五二年にウェンチツァ・クヤヴィ公がドイツ騎士団と結んだ協定では、彼ら軍事勤務層を「騎士の一族に属し官職をもつ騎士」「騎士の一族に属する平騎士」「騎士の一族に属さない似非《えせ》騎士」の三つのグループに分け、各グループは人命金の額が異なり、「似非騎士」のそれは農民と同額であった。だが、一〇〇年後の統一ポーランド王国内のヴィエルコポルスカでは、彼らは法的に平等なひとつのシュラフタ身分(世紀末にチェコからはいった概念で、「生まれのよき者＝貴族」)を形成していた。大領主層の強いマウォポルスカでも十五世紀中に同じ方向に収斂した(コシツェの特権、七五頁)。「似非騎士」は分解したが、貴族身分への上昇をはたした者も多かった。

つまり、再統一されたポーランド王国では臣民の一部が領域的権力をもって大小さまざまな領邦君主に成長したり、封建的特権層のあいだに封建的主従関係《レーエン》が普及することもなかった。ここにいたる過程は非常に複雑で、しかも史料に乏しい。推定しうることは、貴族・騎士戦士層の平準化と直接的な君臣関係の維持に向けて分裂時代のピャスト諸公は非常な努力をしたはずであり、また、激化する統一運動の帰趨が封建的特権身分や国のかたちを決定するうえで重要な要因になったという点である。ただ、特権層のあいだでは、相続権者を厳しく限定するレーエン制を欠いたため、幅広い血縁やクライエント関係で結ばれ、同一の紋章と合図とをもつ紋章氏族制が発達した。これが、一族の代表としての有力な貴族にとって中下層の騎士を従属させる手段となった。その一方で、紋章氏族制は同族としての法的平等観と連帯意識とを育み、インムニテートに基づく土地の所有権などの貴族の基本的な権利が容易に最下級の騎士にまで普及するのを促進するとともに、経済的に貧弱な成員が貴族身分にとどまることを可能にした。

他方、都市身分はドイツ法に基づく自治的な商工民の団体が多数誕生する結果として成立する。農民の法的地位は雑多であった。ただ、ドイツ法がその核になり始め、司法関係を除き、ポーランド法の村もドイツ法によく似た経営と地代形態とに向かう傾向にあった。

## 2　ポーランド王国からポーランド王国王冠へ

### 統一運動とヴワディスワフ・ウォキェテクの王国

クラクフ司教スタニスワフが一二五七年に聖人に列せられた。これがレグニツァの敗北でしぼんだ国家統一への志向を蘇らせる契機となった。八つ裂きにされた司教の身体が奇跡で元通りになったといわれるように、分裂するポーランド王国もやがて元の統一状態を回復するという論理である。このことは、統一運動が共通の歴史意識を基にしたポーランド的で民族的な感情や理念のうえに立っていたことを物語っている。それは外からの脅威の増大で増幅されたはずである。だが、統一運動のメカニズムはポーランド的な民族的利益だけでは説明できない。

統一を志した最初の君主、レシェク黒公の一二八八年の死から、一三二〇年にその弟のヴワディスワフ・ウォキェテク(短軀公)が永続的な王国を再興するまでのあいだ、少なくとも四人が王冠をめざした。そのうちのシロンスクの二人の公とチェコ王ヴァーツラフ二世はすでにドイツ化した君主であり、プシェミスウ二世は、在地の有力貴族とブランデンブルクの協力で戴冠後数カ月で暗殺された。

この事実は統一運動の展開に占めるドイツ植民の重要性を示唆している。広域市場と安全を望む大都市は自然に統一志向勢力になりえた。ドイツ植民はさらに、国家や社会のあらたなモデルを持ち込んだ。帝国都市型の都市モデルや、貴族・騎士層のあいだに複数の身分をつくることになるレーエン制、領域支配のモデルとその確立の方法、等々である。一部の有力貴族が強力な王権をきらったり、都市がドイツ化したりした君主に傾く理由は、それぞれがそうしたモデルの実現に近づきうる環境を求めたからにほかならない。一方その実現は、上昇志向の在地の中小騎士にとっては危機であり、彼らは最終的にはウォキェテクのもとに結集することになる。

だが統一自体の促進要因は、この世紀末にマウォポルスカと東ポモジェ、ヴィエルコポルスカでそれぞれの公家が断絶したことにある。ヴィエルコポルスカのプシェミスウ二世は東ポモジェを合わせたのち、翌一二九五年に王冠をえた。プシェミスウ二世が暗殺されると、ヴィエルコポルスカは結局チェコのヴァーツラフ二世(ポーランド王在位一三〇〇～〇五)を選んで戴冠させた。戴冠以前に、彼は一二九〇～九二年にクラクフとサンドミェシュを奪取していた。

ヴァーツラフ二世は、一二九一年、クラクフとサンドミェシュ両公国(マウォポルスカ)の住民各層にたいしてポーランドの慣習を尊重する旨の文書を発給した。だが、実際に王国を統治したのはあらたに配属された代官《スタロスタ》たちであった。王の総督として強大な権限をもち、しかも任免が自由なこの職にはドイツ人やチェコ人が登用された。加えて、アールパード家が断絶したハンガリー王位に息子を就けたことが王の国際的な孤立を招いた。こうした状況がウォキェテクに道を開いた。教皇とハンガリーの貴族の支持をえた彼は一三〇四年末ころサンドミェシュにはいり、彼のもとには在地の騎士層や農民が馳せ参じた。おりしも翌年にヴァーツラフ二世が死去し、その子もポーランドへの遠征途上で暗殺され、チェコのプシェミスル家が断絶した。この結果ウォキェテクは、クヤヴィ等の相続領のほかにマウォポルスカ全体と東ポモジェにも支配権をえた。

この後も彼には茨の道が続いた。一三〇八～〇九年には東ポモジェがドイツ騎士団に占領された。マウォポルスカでも旧代官のクラクフ司教ムスカタや都市は完全には心服せず、一三一一年にはクラクフ市の世襲ヴイト、アルベルトを指導者とする都市の反乱が勃発した。彼らはドイツ的なルクセンブルク家のチェコ王ヨハンに期待した。シロンスクのグウォグフ公の支配下にあったヴィエルコポルスカの領有の道が一三一四年に開けたが、ここでもポズナニ市の抵抗にあった。一三一八年、全国集会で教皇庁にたいする戴冠の請願が決議され、一三二〇年一月二十日クラクフの大聖堂でウォキェテク（在位一三二〇〜三三）の戴冠式が挙行された。

こうした統一過程はポーランド王国のかたちを決定づけた。主要都市では世襲ヴイト職が王に没収され、それは市参事会によるヴイト権の購入に道を開いたが、もはや強力な政治勢力としての都市の地位は失われた。勝利したポーランド人の騎士層は、ドイツ植民がもたらすモデルのなかから有利なものだけを利用する立場に立った。そのような統一国家にドイツ化が進んだシロンスクや西ポモジェの諸公国がはいる余地はなかった。いまひとつの特徴はマウォポルスカの主導的地位である。

王のもとに統合された領土は大小六つの公国でしかなかった。これにたいし、理念上の「ポーランド王国」とは昔のボレスワフたちの王国を意味した。それゆえ王の課題は東ポモジェをはじめとする領土の回復にあり、彼は、ドイツ騎士団との戦争に備えるため、最前線のドブジニとイノヴロツワフを領する甥たちとのあいだで領土の交換さえした。騎士団はチェコと同盟し、この両国との戦いは一三二七年から六年間続いた。この過程でシロンスクのほとんどの公国とマゾフシェまでもがポーランド王を主張するヨハンの臣下となり、ドブジニが騎士団に占領された。一三三一年には同時攻撃が計画された。幸いにもチェコの軍事行動が遅れ、その際、ポーランド軍は撤退する騎士団の部隊をプウォフツェ村で破った。しかし翌年にはクヤヴィを奪われた。

## カジミェシュ大王の国家建設とルーシへの進出

二十三歳で父を継いだカジミェシュ三世大王(在位一三三三〜七〇)がまずめざしたことは、チェコと騎士団の同盟関係の解消であった。ハンガリーでの一三三五年の会議では、大金でヨハンからポーランド王位の継承権を買い取った。騎士団との関係では、休戦を延長し、チェコとハンガリーの両王に問題の調停を依頼するとともに、彼は父に続いてふたたび教皇庁に提訴した。このような王の現実主義的な政治のもとで国土はほぼ三倍にふえた。

内政の組織自体は当初、前の時代と変わりはなかった。旧分領公国は「地方《ジェミア》」と呼ばれ、分領公国時代の宮廷職と地方職の大部分は地方官職として維持された(十五世紀以降ヴォイェヴォダをもつ地方はヴォイエヴットヴォと呼ばれた。以後その訳語に県をあて、ヴォイェヴォダを知事と訳す)。しかし、インムニテート特権とドイツ法の普及の結果、大部分の地方官は実質的な権限を失い、しかも形成されつつあるシュラフタ身分側の代表者としての性格をおびだしていた。したがって王権側の地方統治の要として代官《スタロスタ》制が踏襲された。ただ、王の本拠であるマウォポルスカには代官はおかれず、王に直属するいくつかの新しい官職が設けられて、それぞれが王領地の経営・刑事事件の捜索と裁判・城の管理を分掌した。

一三四〇年、ハリチ・ヴォイン(ガリツィア・ヴォルイニ)公国のユーリー二世が毒殺された。王は即座にこのルーシの国の継承に乗り出したが、リトアニアやキプチャク・ハン国も介入し、その後一六年間戦火がたえることはほとんどなかった。この戦争が大王に本格的な改革をうながした。

北方の安全を固めるために、一三四三年初め西ポモジェと同盟し、七月にはドイツ騎士団とカリシュで「永遠の和約」を結んだ。このカリシュの和約は一三三五年の調停を基礎とし、ポーランドはドブジニとクヤヴィとを回復するかわりに、東ポモジェとヘウムノを騎士団への「永遠の贈り物」とした。

内政上の喫緊《きっきん》の課題は貨幣の増収であった。最初の中央官職として、貨幣収入を一括して管理する「王国財務長官」職がおかれたのはこのときであった。現金収入の主たる道としては、臨時税、王領地からの地代、貨幣操作と市場取引税、関税、鉱業(主に岩塩)、借金等があった。おもな借入先はクラクフ市の商人たちであり、これは王が父とは異なるクラクフ政策をとったことを意味している。彼はまた、遠隔地商業の発展にも力をいれた。ウクライナへの進出の主たる目的自体が、アジアと接触をもつ黒海貿易から関税等の莫大な利益をえることにあった。国内植民への王の熱意も非常に高く、ルーシに通じるカルパティア山麓の開発が著しく進んだ。王領地の回収政策も積極的に実行され、なかでもグウォグフ公やチェコ王がおこなった領地の給付の取り消しがその軸となった。ヴィエルコポルスカではこの作業に反発し、一三五二年に騎士の連盟が結成された。王はまた軍事改革を実施した。この間にも王国領土の統合は徐々に進捗した。シロンスクにたいする成果はわずかでしかなかったが、一三五五年にはマゾフシェへの宗主権が確立された。

一三五六年、ルーシ問題でリトアニアとのあいだに妥協が成立し、ハリチやリヴィウを中心とするハリチ公国の領有が確定した。以後の十四年間は改革の仕上げの時代であった。その理念は、「王が一人であるように王国の法と貨幣もひとつでなければならない」と記されたように、中央集権的な内的統合の強化にあった。

一三五〇年代末にヴィエルコポルスカ、ついでマウォポルスカにそれぞれ法典が公布された。両者とも貴族身分に関する法(ジェムスキェ法)であり、前者は在地の慣習法の編纂であった。これにたいし、新しい規定の多い後者は明らかに「ジェムスキェ法」の全国的統一に向けた準備作業という性格をもっていた。ドイツ法関係では、すでに一三五六年、各自治法廷での判決の一様化をうながすために、その上級裁判所がクラクフの王城内に設けられた。ユダヤ人にはボレスワフ敬虔公のカリシュの特権を下敷きとする特許状が発給され、全国で効力をもった。ボフニャとヴィエリチカに岩塩鉱法が公布され、貨幣改革の仕上げもおこなわれた。この改革はプラハのグロシュ銀貨に範をえたクラクフ・グロシュを発行し、王国独自の貨幣制度をつくろうとした。一三六四年には法学系のクラクフ大学の設立許可が教皇庁からおりた。

行政の集権化も進行した。国王の警護と宮廷の管理とを担当する「宮内長官」職が創設され、ついで一三六〇年代には国家の尚書部が姿をあらわし、中央官職の原型が完成した。地方行政の面では、マウォポルスカにもしだいに、ほかの地方とは多少異なる権限とはいえ代官がおかれ始めた。王国の国際的地位も並行しておおいに高まった。一三六四年にはクラクフで国際会議が開かれ、皇帝と中欧のほぼすべての君主が参加した。領土回復への努力も続行されたが、激戦は一三六六年のルーシへの再遠征だけであった。この結果王は西ヴォインとポリジャ(ポドレ、ポドリア)の一部とに宗主権を確立した。また北方でもブランデンブルクの新辺境伯領で成果をえ、王国と西ポモジェが陸路でつながった。

一連の改革が即座に軌道にのったわけではない。大王の死とともに貨幣改革やクラクフ大学は頓挫した。統一法としてのマウォポルスカ法典も治世中には完成しなかった。しかし、同法典にはその後、短い法や判例が補充され、十四世紀末ころにはヴィエルコポルスカ法典が合冊されてカジミェシュ法典として意識され、統一法典の代替物のかたちで十八世紀末まで用いられた。またクラクフ大学も一四〇〇年には再建された。そうした意味をも含めたうえで、カジミェシュ三世は統一王国の基礎を築いた王であった。約一〇〇都市と一〇〇〇をこす村の建設文書が今に残り、王はまた、二六都市に市壁を築き、五一の城を建てた。十五世紀のドゥウゴシュの年代記は、「カジミェシュは土と木のみすぼらしいポーランドを煉瓦のポーランドに変えて世を去った」と評している。

### 十四世紀までのポーランドとルーシの関係

大王のルーシへの進出はその後のポーランドの歴史の方向を決定づけるほどの意味をもっていた。

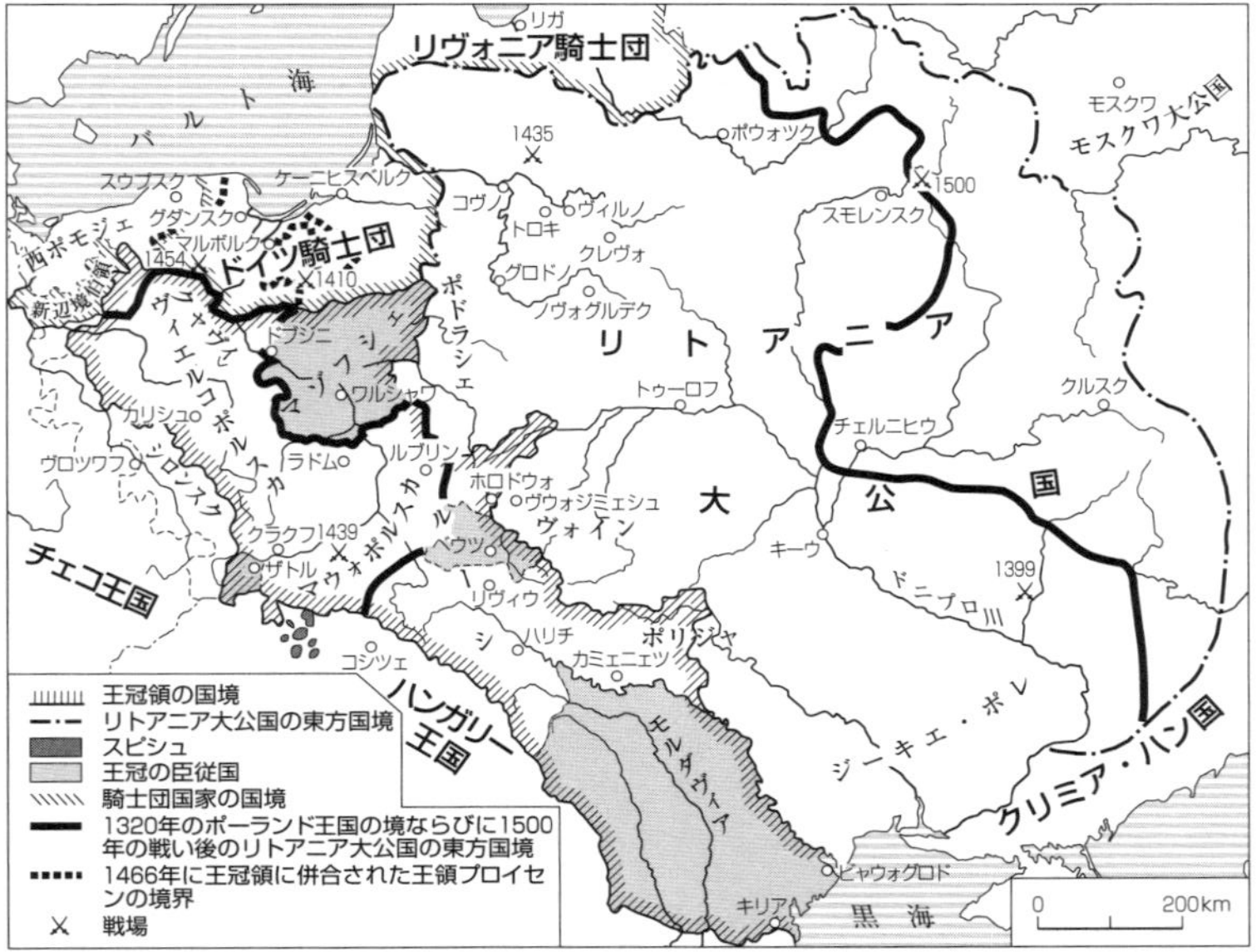

14〜15世紀のポーランドとリトアニア

だが、この進出自体は偶発的な事件ではけっしてなかった。ポーランドとルーシとの国家関係の歴史は、ミェシュコ一世とウラジーミル聖公がチェコの支配するヴィスワ・ブク川上流域に相互に進出することで始まった。それ以来、両国の境界地域であるチェルヴィェニの城砦群の帰属は、一〇三一年、キーウのヤロスラフ賢公が皇帝コンラート二世と同盟してポーランドを攻め、これを併合するまで二転三転した。しかし、こうした領土問題にもかかわらず、両公家のあいだでは頻繁に姻戚関係が結ばれた。

一〇五四年の東西両教会の分裂は相互の関係にまったく影響しなかった。ただ、両国の細分化が進行するにつれ、ポーランドにとっては、その南東に広がるハリチやヴォインがルーシのなかでもっとも重要な国になった。十二世紀にあってはハリチ公国とヴォイン・ポーランドの同盟とが対抗する関係にあったが、この地域との関係にあらたな土台をしいたのがカジミェシュ公正公であった。ヴォインとハリチの両公国を一一九九年に統合したヴォインのローマン公は公正公の姉の子にあたり、小さいときから彼の宮廷で育った。そのローマンが遊び仲間であったレシェク白公を一二〇五年に突然攻め、ザヴィホストで戦死した理由は不明であるが、白公はローマンの未亡人とダニイロら幼い子どもたちを自分の宮廷に引き取り、ハンガリーと競合しながらこの地域への勢力の確保につとめた。この時代にはサン川上流域にポーランドの集落が延び、マゾフシェからはブク川中流域（ポドラシェ）への植民が始まった。一二三〇年代にはルーシへのカトリックの布教が計画されたが、成果はなかった。

白公のあと、ローマンの子孫との友好関係を維持したのは弟のコンラド・マゾヴィエツキと彼の子どもたちであった。ダニイロの子レフ一世は、レシェク黒公が死去したとき、ヴロツワフ公に対抗するウォキェテクらマゾフシェ勢に加勢し、クラクフに攻め入った。ウォキェテク自身もその後、弟妹をレフの子ユーリー一世やその妹と結婚させ、ポーランドの統一の過程でルーシの多大な支援を受けた。一方ユーリーの二人の子、アンドリイとレフ二世は、一三〇九年、マゾフシェのチェルスク公トロイデンに妹のマリアを嫁がせた。そのマリアの子が二人の叔父のあとを継ぐボレスワフ(ユーリー二世)であった。彼は、治世でポーランドの援助を受ける代償として、自家の断絶の場合にカジミェシュ三世大王の公位継承権を認めていた。

ハリチ・ヴォイン公国は内憂外患をかかえていた。内では発達した大土地所有者のボヤール層が反抗し、対外的にはキプチャク・ハン国に従属していた。そのような環境のなかで君主が自立性を確保していくためにはポーランドの支援が肝要であり、ポーランドにとってもタタールにたいする盾として友好的なルーシの国が必要であった。またチェルヴィエニ地方を失っただけでなく、ミェシュコ二世の悲劇、さらには国家の危機をも招いた一〇三一年の経験はドイツ勢力とルーシとの同盟がいかに危険かを教えていた。民族的な親近性に加えて、これらのことが濃厚な縁戚関係に基づく親密な間柄の背景としてあった。ヴォインのヴウォジミェシュ(ヴォロディーミル)を中継点とし、ルーシとクラクフとを結ぶ通商路がはたした役割もいうまでもない。

## アンジュー朝のもとで——王冠国家の形成

カジミェシュ大王をもってポーランド王国のマゾフシェ・クヤヴィ系のピャスト家は断絶した。あとを継いだのは大王の姉のエルジュビェタの子、アンジュー家のハンガリー王ルドヴィク(ポーランド王在位一三七〇〜八二)であった。彼は戴冠後、母を総督に任じて本国に戻った。このため、国内の治安が悪化しただけでなく、ポーランドは大王が獲得した多くの領土を失った。

ポーランドにたいするルドヴィクの唯一の関心事は娘にも王位継承権を認めさせることであった。一三七二年、上シロンスクのヴワディスワフ・オポルチク公にルーシの管理権を託し、五年後には、オポルチクにドブジニを与え、ルーシの経営はハンガリー人に委ねた。この措置は、ポーランドがルーシで利益を享受するには、ハンガリーとの王朝合同の継続を必要とするというムチであった。その一方でさまざまな懐柔工作がおこなわれた。そのとどめが、一三七四年、コシツェで開かれた集会で騎士・貴族身分全体(つまり、シュラフタ身分)を対象として発給された特権であった。

コシツェの特権は、なかんずく、その所領全体に関し、緩和されたかたちでの城砦修理義務と農民保有地への犂税《ポラドルネ》を除き、一切の国家への負担を免除した。しかもポラドルネは、少なくともルドヴィクの治世初期、臨時税として毎年のように一ワンにつき六〜二四グロシュの範囲で徴収されていたが、恒常税に変更されたうえで年二グロシュとされた。聖職身分も一三八一年には継承権の変更に同意し、同様の特権をえた(修道院領の農民は年四グロシュ)。

外国王家の登場とこのコシツェの特権は国家の性格の変化をうながす重要な契機となった。ウォキエテクの時代の王国はまだ君主の所有物であった。カジミエシュ大王の時代になると「ポーランド王国王冠」という用語が登場する。この「王国の王冠《コロナ・レグニ》」は、国家自体がもつ権利の総体が王冠によって象徴される身分制国家の概念であり、なかでもその重要な柱が国家の権利と領土の不可分・不可譲渡性であった。だが、大王自身はいまだ自分の王国を家産とみなしていた。彼の時代に「王国の王冠」が導入されたのは、非ポーランド的な地域であるルーシをやがてポーランド国家の枠内に正式に組み込むには、領域が限定された従来の民族的、歴史的な「ポーランド王国」では不可能であったからと考えられる。

ルドヴィクの時代には王冠国家の理解が進んだ。彼は、少なくとも、戴冠式とコシツェの集会で領土の不可分・不可譲渡性を確認したし、また、王の不在で王個人と国家《コロナ》との区別が一層強く認識されるようになった。ポーランドが身分制国家としての実質的な性格をもちだすのもこの時代からといえる。たしかにカジミエシュ大王の時代には、国内植民の大規模な展開と法や裁判制度の改革によって身分制社会化の進展をみた。だが、強力な王権のもとで諸身分が政治に参加する余地はなかった。世紀半ばには、恒常的な国家機関としての国王評議会が成立していた。これは、大司教と司教、ならびに大臣、知事・城代《カシテラン》の中央と地方(十四世紀末までは主としてマウォポルスカ)の高官を核とし、そのほかに会議のつどに召集される下級地方官や無官の有力者で構成される王の助言機関であり、前述のように、下級の地方官が各地方の一般シュラフタの代表としての性格を多少なりとももっていた。しかし、事実上の国策の決定は王とごく少数の有力な側近のあいだでおこなわれた。

ルドヴィクの時代には国王評議会の地位が向上した。だが一層重要な点は、王がコシツェの集会をシュラフタ全体の意志を代表する場として位置づけ、身分代表制の一歩が刻まれたことであった。またコシツェの特権は、やがて国家が臨時税を必要とするとき、貴族身分全体の同意をそのつどえる義務、つまり身分制議会の召集を必然とすることを意味した。

一般シュラフタ（中小領主層）が社団として政治の舞台に登場する機会はすぐにおとずれた。ルドヴィクが死去するとポーランドでは二年余り空位期が続いた。王の遺志に反して、ハンガリー王マリアではなく、ハンガリーとの合同を回避するために末娘のヤドヴィガを指名したことが原因であった。この間ポーランドでは集会が頻繁に開かれた。そこで主導権を握ったのはマウォポルスカのマグナート（大領主）であるにしても、彼らはシュラフタや時には都市の代表をも交えて自ら全体を「王国の全共同体」と称し、君主の選択と統治を実践した。

まだ十一歳のヤドヴィガ（在位一三八四〜九九）は一三八四年、国王として戴冠した。つぎの問題は結婚であった。国王評議会が選んだのは、ヨーロッパで唯一原始宗教を維持していたリトアニア大公国のヤギェウォであった。彼は一三八五年八月クレヴォで、リトアニアの受洗、ポーランド王冠と大公国との合同を誓約した。翌年二月十五日にヴワディスワフの洗礼名をえた彼は、結婚式をおこない、王国の諸特権を確認したのち、三月四日に戴冠した。

## 3　十四世紀末までのバルト諸国

### 十三世紀末までの展開

現在のベラルーシおよびエストニア、ラトヴィア、リトアニア地域で十世紀半ばころまでに政治的統合をはたしたのはベラルーシ(西ルーシ)の東スラヴ系の諸族だけであった。なかでも、クリヴィチ族のポウォツク(ポーラック、ポーロック)公国はノルマン系の公ログヴォロドに率いられ、東スラヴ全体の国家的統合のひとつの拠点でもあった。しかし、ラジミチ族やドレゴヴィチ族の国とともにウラジーミル聖公の軍門にくだった。一方、ドレヴリャーネ族はすでにオリガのキーウに征圧されていた。正教の主教座がポウォツクにおかれるのは聖公の時代、ドレゴヴィチ族の拠点トゥーロフには十一世紀末とみられる。ポウォツク公国は十一世紀、聖公の子でログヴォロドの孫にあたるイジャスラフの子孫のもとでキエフ大公にたいする自立的傾向をふたたび強めた。だがこの公国は十二世紀初頭、ポウォツクとミンスク、ヴィテプスクなど六つの公国に分かれ、その中心であるポウォツクも十三世紀初頭、後述のラトヴィアへのドイツ人の進出で西ドヴィナ川交易の支配圏を失い、衰え始めた。十三世紀前半には同じクリヴィチ族のスモレンスクに従属し、世紀半ばにはリトアニアの公がポウォツクの公位に就いた。トゥーロフ公国は十三世紀初めに四つに分裂した。プリペチ川流域のこの公国はやがてヴォイン公国の勢力圏下にはいる。

十三世紀はバルト海沿海部でも歴史の転換期にあたった。ここはそれまで、ノヴゴロドやプスコフ、ポウォツクの影響下にあった。一二〇〇年、ドイツのブレーメン大司教の甥、ブクスヘフデンのアルベルトがローマ教皇から第二次バルト十字軍の宣言をえ、三人目の司教として西ドヴィナ川の河口に上陸した。翌年にはリューベックの商人とリガ市の建設を始め、一二〇二年には十字軍兵士が騎士修道会の刀剣騎士団に再編された。やがて征服される全域にリヴォニアの名称を与えたのも彼であった。一二〇七年にはその地方名の語源であるリヴォヴィエ族の征服が完了し、二七年のサーレマー島の攻略でエストニアを含む西ドヴィナ川以北の征圧は終わった。ただ北エストニアの教化と征服は、司教の要請を受けたデンマーク王が請け負った。ついで西ドヴィナ川以南に向かった刀剣騎士団は、一二三六年、シャヴレ（シャヴリャイ）の戦いでジムジニ族とゼムガロヴィエ族の連合軍に壊滅的な敗北を喫した。この結果、クロヴィエ族やゼムガロヴィエ族がドイツ人の支配を一時的に脱しただけでなく、刀剣騎士団は翌年、生き残るためにプロイセンのドイツ騎士団と合同した（以後、刀剣騎士団をリヴォニア騎士団と記す）。他方リヴォニアとルーシ諸国との境を決定したのは、一二四二年のペイプス湖の氷上の戦いと翌年のキプチャク・ハン国の成立であった。

沿海部の諸族のなかで深い原生林と湿地に守られて唯一ドイツ人の征服をまぬがれたリトアニアは、文化的にも、東のアウクシュトータ（アウクシュタイティヤ）と西のジムジ（ジェマイティヤ）に分かれる。リトアニアの名称は、前者の中心的地方でトロキ（トラカイ）を拠点とするリェトヴァに由来する。ここでは十二世紀半ばから大部族（部族連合）の形成が始まり、彼らは一一八七年までにポウォツクの商業上の生命線である西ドヴィナ川中流域を支配下にいれていた。一二一九年、ハリチ・ヴォイン公ローマンの未亡人とその子ダニイロの許をおとずれた使節は、リトアニア全体を代表する者として五人の長老公と一六人の若年公の名をあげた。またこのころには、略奪だけでなく、ノヴォグルデク（ノヴゴロドク）を中心とする黒ルーシの獲得に強い意欲を示していた。

大部族から国家形成への道を主導したのは長老公として名を連ねたミンダウガス（王在位一二五一〜六三）であり、一二四〇年ころにはアウクシュトータ全域にたいする支配を確立し、ジムジにも自己の優越を認めさせていたとみられる。彼は一二五一年、内外の敵が大同団結した危機を乗りきるためにリヴォニア騎士団と手をくみ、その仲介で洗礼を受けた。一二五三年にはノヴォグルデクでリトアニアの王として戴冠した。その際、リヴォニア騎士団は王からジムジの半分の割譲を約束されていたようである。しかし、実効支配をはかろうとした両騎士団（リヴォニア騎士団とドイツ騎士団）は一二六〇年七月ドゥルベ湖畔で、翌年冬にはリヴォニア騎士団がレネヴァルデで手ひどい敗北を喫した。これがプロイセンとラトヴィアで土地の諸部族の大蜂起を誘発するとともに、ミンダウガスの親騎士団政策を変更させた。一二六三年秋、王は暗殺されるが、彼がそのときまでに棄教していたかどうかは明らかではない。

その後、リトアニアでは断続的に五人の支配者が確認できる。そして、一二八九年の騎士団との戦いにブティゲイダスとプクヴェラスの兄弟があらわれた。プクヴェラスの息子たち、わけても、兄のヴィテニスを継いだゲディミナス(在位一三一五頃〜四一頃)からリトアニアのあらたな歴史が始まることになる。

## 十四世紀のリトアニア大公国とリヴォニア

ゲディミナスは、兄の業績を受け継ぎながら、ベラルーシにリトアニアの支配を広げ、またポドラシェ地方も奪取した。だが彼の一族が公位を占めた西ルーシの諸公国では、領域や法、教会が侵犯されることはなかった。むしろルーシに赴任した公たちが文化的にはルーシ化し始め、西ルーシの言語が国家語の役割をはたし始めた。一三一六年ころから三〇年のあいだにはリトアニア大公国独自の府主教座も確保された。しかし、リトアニアによるルーシの支配は、ルーシへの埋没ではなく、その独自性を維持したうえで達成されるべきものと大公は考えていた。リトアニアの西方キリスト教への改宗である。カトリック化は騎士団にたいする切り札にもなる。プロイセンとリヴォニアとを平定した騎士団にとって、当面の最大の課題が領土の結合であり、それゆえ、ジムジにたいする両側からの激しい攻撃が毎年のように続いていた。リトアニアのカトリック化は、少なくとも聖戦という旗印を騎士団から奪いうる。

ゲディミナスの西方外交の突破口となったのはリヴォニアの状況であった。在地の民は従属農民の地位におかれたが、ここにはプロイセンと違ってドイツ人農民は入植せず、その結果彼らはドイツ化をまぬがれた。いまひとつプロイセンと異なっていたのは、絶対的な領邦権力が存在せず、さまざまな勢力が混在していたことである。リヴォニア騎士団は最大の領土と力をもち、一三四七年には旧デンマーク領の北エストニアの管理権もえた。だが、リガ大司教(一二五一年に昇格)やドルパト(タルト)司教も領域的支配権を築いて強力であり、騎士団や教会を封主とする世俗の騎士層の自立化も早かった。加えてハンザ都市のリガも事実上独立した政治体であった。一四二二年にはこれらの要素からなる最初のリヴォニア議会が開催されるが、それでも各々の団体間の利害と競合とを調整するのはむずかしかった。

ゲディミナスはこの対立を利用し、リガ大司教やリガ市を通じて教皇庁に積極的に働きかけた。その成果が騎士団との一三二四〜二八年の休戦協定であり、この間に娘のアルドナとポーランドのカジミェシュ三世との縁組みもまとまった。また彼は、ヨーロッパ各地に書簡を送り、あらゆる身分の者に移住を訴えた。大公は側近に毒殺されるが、その原因は洗礼の決断にあったとする見方もある。

彼の死後、一三四五年にはアルギルダス(オルゲルド)とケーストゥティスの二頭体制が確立した。

ヴィルノ（ヴィルニュス）に座す兄のアルギルダスが上位を占めて、ルーシとキプチャク・ハン国との関係を掌握し、トロキのケーストゥティスが騎士団や西方諸国との問題を担当したとみられる。アルギルダスのもとでは全ルーシの統合が明確な国家目標となった。キーウを従え、ヴォインやポリジャの大半をおさえ、ついで領土はドニエプル（ドニプロ）川を遥かにこえて広がった。他方、騎士団とは激しい略奪戦の応酬が続いた。だが、一三六二年にコヴノ（カウナス）の城砦がドイツ騎士団に帰したように劣勢は明らかであった。

アルギルダスは一三七七年に死去し、その地位を長男のヨガイラ（ヤギェウォ）が継承した。一三八一年から事態は急変し、ヨガイラのヴィルノからの追放とその奪回、そして翌年八月、クレヴォに幽閉されていたケーストゥティスの不詳の死と続いた。この権力闘争には、おそらく、一三八〇年にキプチャク・ハン国の軍を破ったモスクワ大公国や、騎士団にたいする対外政策が絡んでいた。

ヨガイラは祖父のゲディミナスとは違って、東西のどちらに永続的な同盟者を求めるか決めかねていた。一三八二年十月、彼は騎士団と協定を結び、ジムジの割譲と四年以内の洗礼とを約束した。ついで、この時間を利用してモスクワとの交渉にはいった。痺れを切らした騎士団が翌年七月に攻撃を再開すると、ヨガイラは、ケーストゥティスの長男でドイツ騎士団のもとに逃れていたヴィータウタス（ヴィトルド）にグロドノとポドラシェを与えて寝返らせ、急場をしのいだ。一方モスクワとの交渉では、大公ドミートリー・ドンスコイは自分の娘とヨガイラとの結婚、正教の受容だけでなく、長上権を主張してゆずらなかった。ポーランドでヤドヴィガが即位したのはこのようなときであった。

## 4　ポーランドとリトアニアの合同

### グルンヴァルドへの道

ヤギェウォ(ヨガイラ、王在位一三八六〜一四三四)はクレヴォの合同文書で、自領のリトアニアとルーシをポーランド王国の王冠に永遠に「編入する《アプリカーレ》」と述べている。これはリトアニア国家の解消を意味し、当時のヤギェウォの困難な立場と、安定的かつ一層の東方進出をめざすポーランド側の貪欲な姿勢とを読み取ることができる。

合同にいたる主たる原因は、すでに明らかなように、双方がかかえるドイツ騎士団の脅威とルーシ問題であった。ヨーロッパ最後の異教の民を改宗させ、正教の広大な地域に影響力を確保できる教会、その栄誉にひたりうるポーランド社会、また、通商の拡大を期待する都市の支持も看過できない要素である。一方、リトアニアのボヤール層(貴族・騎士層)にとってはポーランドの貴族特権は非常な魅力であった。こうした要因が嚙み合わさって合同は成立し、その後摩擦はみられるものの、その永続性を保証した。

ヤギェウォはヤドヴィガをともなって即位後まもなくリトアニアに戻り、同地の洗礼をおこなった（ジムジは一四一五〜一七年）。一三八七年二月、ヴィルノに司教座が創設された。カトリックに改宗したリトアニア人のボヤールがえた特権はまだ小さかった。ヴィルノ市にはドイツ法が与えられた。一方ポーランド側も、一三八七年、ヤドヴィガの指揮のもとにハンガリーの支配下にあったハリチ公国に進軍し、これを自らの王冠のもとにおいた。ただリトアニアとの係争の地であるヴォインと西ポリジャはヤギェウォに託され、王は前者の一部であるベウツ公国をマゾフシェ公に封土として与えた。モルダヴィアがこのとき臣従した。

マゾフシェの取り込みは騎士団との戦争への準備であったが、対決の方向には容易に進まなかった。根本的な原因はリトアニアとルーシ諸国にくすぶる不満にあった。人口はほぼ同じにしてもポーランドの四倍の面積をもち、国家意識が十分に根づいている国を一気に併呑するには無理があった。加えて、合同の危険性を察知していたドイツ騎士団は、その破棄に向けてこうした分離主義を利用した。わけても不遇のヴィトルド（ヴィータウタス）が一三八九年にふたたび騎士団のもとにはしり、ヴィルノ攻撃の先頭に立った。ヴワディスワフ・オポルチク公も騎士団にドブジニを抵当物件として差し出すとともに、ポーランドの分割を画策した。緊迫する情勢のもとで王と指導層はヴィトルドと妥協し、一三九二年、リトアニアの総督権が彼に与えられた（オストルフの合同）。

ヴィトルドがめざしたのは、全ルーシの統合によるリトアニア国家の王国化であった。彼はキプチヤクのタタールを打破してこの事業を実現しようとし、一三九八年、騎士団にたいしジムジの割譲に同意した。しかし翌年八月、ヴォルスクラ河畔の戦いでティムール配下の軍に完敗した。この敗北でヴィトルドとポーランドは一層接近した。王位の世襲権をもつヤドヴィガの死去(一三九九。一九九七年聖人に列聖)でヤギェウォの立場が弱体化したことも両者の妥協をうながした。一四〇一年、ヴィルノとラドムでの集会で採択された決議は、ヴィトルドに「リトアニアの大公」の地位を認めた(ヴィルノ・ラドムの合同)。大公は王の主権下にあるにしても、これはクレヴォの路線の修正の第一歩であった。同年のジムジの蜂起で両国は騎士団と戦争状態にはいった。一四〇四年に成立した和約でドブジニの買い戻し権をえたポーランドでは、資金調達のために各県でシュラフタの集会が開催され、臨時課税の承認をえた。これは君主が召集した最初の地方小議会《セイミク・ジエムスキ》であった。

両国の戦闘態勢が整ったのは、スモレンスクの征圧に続いてモスクワとの戦い(一四〇六～〇八年)を終え、北方の安全を固めてからであった。一四一〇年七月十五日、グルンヴァルド村で決定的な戦いがおこなわれた。ポーランド・リトアニア・ルーシの連合軍約五万は三万二〇〇〇のドイツ騎士団軍を撃破した。だが、首都マルボルク(マリーエンブルク)の城は総動員軍では落としえず、またハンガリー兼ドイツ王のジギスムントの宣戦布告もあった。その結果、騎士団は東ポモジェの返還に応じず、トルンの和約でジムジの領有をヴィトルドの生存中に限って認めただけであった。

問題が未解決状態におかれたことで、ポーランドとリトアニアの関係はなお一層緊密化した。一四一三年、ホロドウォでの両国の合同集会で、リトアニアはヴィトルドの死後も大公をもつことが認められ、ほぼ別個の国家としての地位をえた。ヴィルノとトロキにはポーランド的な地方官職が導入された。さらに、ポーランドの四七の紋章氏族の代表たちがリトアニア系のボヤールの家門をひとつずつ同族として受け入れた。両国は、政治・社会制度の同質化を徐々に進めながら、君主個人と条約とを媒介とする国家連合の道を歩み始めた。

一方ドイツ騎士団との戦いは、コンスタンツ公会議での論争を挟んで断続的に続いた。一四二二年のメルノ湖畔の和約で騎士団はジムジを無条件で放棄した。騎士団とリトアニアとの係争問題は消滅し、以後の戦いはポーランド王冠のみがおうことになる。

### ヤギェウォ朝国家の拡大

グルンヴァルドの敗北で騎士団の勢力は衰えた。中欧のいまひとつの柱、ルクセンブルク家もチェコのフス革命に翻弄され、一四三七年に断絶する。一方ヤギェウォは晩年に二人の男子をえた。ポーランドとリトアニアの課題はこうした変化にいかなる構想をもって対処するかであった。

一四一九年に発生したフス戦争を担うフス派は、急死したチェコ王の後継に弟のジギスムントを拒否し、ヤギェウォを指名した。彼は自分のかわりにヴィトルドを推すなど好意を示したが、一四二四年には一転してフス主義を禁じたヴィエルンの勅令を発布した。政策転換の背景には、ズビグニエフ・オレシニツキが一四二三年にクラクフ司教に就任し、マウォポルスカのマグナートの指導者として台頭したことがあった。司教は公会議主義に立つと同時に、フス主義を断固異端視した。一四二四年、ヤギェウォにヴワディスワフ(在位一四三四～四四)が誕生し、ポーランド王位の継承権問題が起こったとき、ヤギェウォ家の世襲権を否定する方向で国王評議会を主導したのも彼であった。

司教はまた勢力の絶項期にあったリトアニアの王国化を阻止した。ヴィトルドの戴冠は一四二九年にジギスムントが提案したもので、ヤギェウォも同意していた。ヴィトルドに男子がいないので、自分の子孫たちのポーランド王位継承が一層確実になるからである。「王冠」同士は対等で、別の「王冠」を吸収できないがゆえに、東方進出に関心をもつポーランドは、「リトアニア王国」との合同関係を保つためにヤギェウォ家の王を戴かざるをえない、という論理に立つ王の王朝政策を司教は打破したのである。

未成年のヴワディスワフ三世が形式的にせよ選挙によって王位に就いた一四三〇年代は、オレシニツキ派の優位が一層強化された。司教の構想は、異端のチェコではなく、ハンガリー王冠を彼に獲得させることにあった。ハンガリーと協力し、オスマン帝国からビザンツとバルカンを解放する。その結果、公会議主義に立脚した東西両教会の合同が実現し、ポーランドによるルーシの支配も容易になる。

だが、事態は司教の思惑どおりには進まなかった。一四三七年、前年にチェコ王冠をえていたジギスムントが死去すると、チェコの急進派は次男のカジミェシュ・ヤギェロンチクを国王に選出した。勢いづいた反オレシニツキ派をグロトニキの戦いで粉砕するまでに司教は二年を要した。おりしも、ハンガリー兼チェコ王のハプスブルク家のアルブレヒトが急死し、一四四〇年ヴワディスワフ三世はハンガリー王冠をえた。しかし若い王は、フィレンツェの宗教合同を成立させ、オスマン帝国との戦いを急ぐ教皇エウゲニウス四世の使節の虜となった。結果は一四四四年、ヴァルナの戦いでの戦死であった。二十歳の王はヴァルネンチクの綽名《あだな》をえたが、司教の構想とともにビザンツ帝国も終わりを迎えた。

一方リトアニアでは、一四三〇年に大公に就任した王弟のシヴィドリギェウォのもとで分離主義が再燃した。これは、不平等を強いられるルーシ系の勢力を基盤とし、騎士団の後援を受けていた。その処理の過程で、リトアニアのカトリック勢力とポーランドはヴィトルドの弟のジグムントをあらたに大公に擁立するとともに、西ポリジャがポーランド王冠領に併合された(一四三二年グロドノの合同)。また一四三四年には、リトアニアの貴族特権を強化したうえで、大公国内のルーシ・正教系のボヤールに私法面でのカトリックとの同権が認められた。この同権化の方針は翌一四三五年、王冠領でも施行された。その結果、ハリチや西ポドレにもポーランドの法体系と地方官職制度が導入され、それぞれルーシ県、ポドレ県と呼ばれるようになる。シヴィドリギェウォ派の抵抗は同年のヴィウコミェシュ(ウクメルゲ)の戦いで終わった。しかし一四四〇年、ジグムント大公が暗殺され、オレシニツキの政府が王の名代として弟のカジミェシュ・ヤギェロンチクを派遣すると、リトアニア人は独断で彼を大公に祭り上げた。この行為は両国の合同関係の解消を意味した。

ヴァルナの戦いから五カ月がすぎた一四四五年四月、王冠側はリトアニアとの合同関係の復活をめざしてカジミェシュ・ヤギェロンチク（在位一四四七〜九二）を国王に選出した。しかし、彼が実際に戴冠するまでには二年余を必要とした。これは、選挙王政を否定するカジミェシュの王権強化への意欲を示すとともに、両国の対立に苦しむ彼の立場のあらわれでもあった。彼はリトアニアでの地固めから行動を開始した。個人文書で両国の結びつきの対等性を確認し、ついで一四四七年には大公国のボヤールにポーランドの貴族身分が享受するほぼすべての特権を認めた（ヴィルノの特権。一四三四年の人身保護律の再確認。君主の接待と城砦の建設・修理義務などを除く、国家への農民の負担義務の廃止。領主裁判権の承認など）。ポーランドではほとんどの争点を棚上げにし、司教叙任と官職人事で粘り強い交渉力を発揮して国王評議会内に強力な王党派を育てることにつとめた。また、中流シュラフタ、とくにヴィエルコポルスカに支持基盤を求めた。

オレシニツキ派の勢力は日増しに後退した。一四五二年、大公国へのヴォインの併合を王が黙認したことで国王批判が再燃したが、翌年の議会で王がようやく王冠領の特権と法とを承認し、両国関係に関しては漠然と大公国にたいする王冠の権利を確認すると、批判の嵐もしだいにおさまった。王の窮地を救ったのはプロイセン問題であった。ここでは一四四〇年に都市と領主層がプロイセン同盟を結成し、主《あるじ》としてのドイツ騎士団との軋轢《あつれき》が増大していた。一四五四年初めにプロイセン同盟から正式の請願を受けた王は、王冠へのプロイセンの編入を宣言した。戦争は案に相違して十三年間にわたった。先陣を切ったヴィエルコポルスカの総動員軍が、騎士団側の軍にホイニツェで敗北したことが原因であった。勝敗を決したのは募兵軍への転換とグダンスクの海軍力、つまりは国家とプロイセン諸都市の財政上の努力であった。

一四六六年の第二次トルンの和約でポーランドは東ポモジェなどの海への出口を回復した。これは国内の経済構造を劇的に変化させることになるが、王領プロイセンと呼ばれたこれらの地域は、独自の議会等の大幅な自治権をもち、三県とヴァルミア司教領に再編された。一方、騎士団国家はケーニヒスベルク(現在、カリーニングラード)に首都を移し、ポーランド王を封主とした。このほかにマゾフシェ方面で領土回復の一定の進展があった。

王には六人の男子がいた。十三年戦争を切り抜けた今や、カジミェシュ・ヤギェロンチクが王朝政策のためにポーランド国家の威信を利用する番であった。結局、一四七一年と九〇年に長子ヴワディスワフ・ヤギェロンチクがチェコとハンガリーの王位を手中にした。ヤギェウォ家は三つの王国とひとつの大公国、バルト海から黒海まで、アドリア海からモスクワ近辺にまで達する広大な領域を支配下においた。

## ポーランドの社会・経済構造とその変化

十五世紀のポーランド経済は前世紀の好況を引き継ぐかたちで発展した。だが、その発展にともなって社会経済の構造にあらたな要素が誕生し始めた。

ドイツ法は中央部やマゾフシェ、ルーシ県にも波及し、ポーランド法の村でも地代や経営方法の面ではドイツ法に似た制度に変化しつつあった。こうした地代の金納化の進展は農民の豊かさと人身の自由度を高める効果をもった。一方、この時代に建設された都市は概して小さかったものの、ローカルな市場として近在の農村の貨幣経済化を支えた。古い都市の大部分は活気を保ち、豊かさや自治の面でも成熟度を増した。中位の都市でも数個から十数個のギルドが存在した。

外国貿易も一層の発達をとげた。なかでもバルト海貿易の急成長は非常に重要な意味をもっていた。西欧諸国はこの十五世紀に資本主義的な経済様式を生み出そうとしていた。毛織物の大量生産、造船業と都市の発達である。それには労働者への食料としての穀物、工業原料としての木材等の農林産物を必要とした。それらを大量に供給できる地域がエルベ川以東、とくにヴィスワ川とその支流が国内を貫流し、水運に恵まれたポーランドであった。十三年戦争の直前にグダンスクから輸出された穀物は年間五〇〇〇トン、これが王領プロイセンを獲得したのちの同世紀末には五倍に拡大していた。西欧との貿易の拡大は、国内都市の需要増ともあいまって穀物や林産物の生産を刺激し始めた。これがポーランドの社会・経済構造、ひいては政治・国家構造までをも徐々に変化させることになる。貨幣価値の下落で地代収入の減少に苦しんでいた中小領主層自身が、穀物の商品生産に乗り出したことが原因であった。

比較的小さな直営地しかもっていなかったシュラフタ層が大量生産に向かうには、その規模を拡大し、安価な労働力を確保する必要があった。土地については、開墾しやすい草地や未利用の農民用の畑だけでなく、ソウティスの農場が直営地に組み込まれ始めた。貴族身分はすでに一四二三年、ヴァルタの全国集会で制定された法で、「不従順で役立たずのソウティス」からその権利全体を買い取る権限をえていた。この結果、領主と農民との中間身分としての世襲ソウティスは消滅する方向に向かった。

一方、労働力に関しては、農民の賦役と農繁期における安価な雇用労働力の確保とで解決する方向が選ばれた。農民の退去・逃亡を防ぐためヴァルタの法以後、徐々に移動の自由を制限する法が制定され、一四九六年のピョートルクフの議会では、村から合法的に移住できる農夫が年間一人とされた。同じ法では、都市に転居しうる農民家庭の男子が一人に限定され、また、乞食などの流民対策が講じられている。賦役については、一四二一年、マゾフシェのワルシャワ公国で一ワンにつき週一日の最低義務が定められた。王冠領で同様の法が制定されるのはおよそ一〇〇年後であるが、すでに十五世紀末のある教会領では二〜三日の週賦役が課されていた。たしかに直営農場の目的は近代的な性格をもつ商品生産にあった。だがその経営構造は、十三世紀以来のドイツ法の流れを塞き止め、賦役農奴制へと逆戻りするかたちをとった(再版農奴制)。

シュラフタの照準は都市にも向いていた。ヴァルタの法は都市における手工業製品の最高価格の設定権と度量衡の監督の権限とを県知事に与えた。一四五六年にはクラクフ市が臨時税への同意権を失った。以後、同市への課税は全国議会やクラクフ県の地方議会の可決と連動した。一四九六年の法は、自家用の購入品と自領内での生産品をすべて無関税で運ぶ権利を貴族に与えた。またこの法には領地の購入を都市民に禁ずる条項があった。

## シュラフタ共和政の胎動

ポーランドの貴族(シュラフタ)身分は、社会的な観点からみればじつに雑多な階級で構成されていた。このうち、マグナート(大貴族)だけでなく、一〜数カ村を所有する中流の領主層としてのシュラフタも政治の実権をもち始めた。この時代に身分間の均衡がくずれ始める理由はそこにあった。

ポーランドでは十四世紀後半から、外国王家の登場と王位の選挙制への移行、騎士団との戦争、リトアニアとの合同等重要な国家的問題が頻発した。これらはシュラフタ社会を無視して実行できる問題ではなかった。それゆえ、一般シュラフタが参加する「地方」集会(地方小議会《セイミク・ジエムスキ》)や全国集会(議会《セイム》)の開催が頻繁化し、総動員とともに政治の学校となった。こうした結果、フス主義の影響をも受けて中流領主層のあいだでは階級的な横の連帯意識が強まり、マグナートを頭領とする紋章氏族内の縦の関係が弱化しだした。

同時に貴族身分全体の特権も強化された。一四二〇～三〇年代に獲得したもののなかでもっとも重要なのは、先述の他身分にたいする権利のほかに、法廷の判決によらない限り、土地財産を没収したり(一四二二年チェルヴィンスクの特権)、投獄したりしない(一四三〇年イェドルニャの特権)と王が約束したことであった(現行犯は除く)。当時、有産シュラフタにたいする代官の裁判権は、四つの刑事事件(公道での略奪、家宅の襲撃、放火、婦女暴行)に限定され、その他の問題は貴族身分の自治法廷としての「地方《ソンド・ジェムスキ》」法廷が管掌する方向にあった。この財産と人身の保護律はシュラフタ身分の自由の要と位置づけられることになる。

国王の選挙制が確立した一四二〇年代後半以降、国家の性格は共和政の方向へと向かい始めた。国家の主人は王ではなく、国王を選出する社会であるという構造の出現である。だが、当時の王国社会の主体は国王評議会に代表されるマグナートにあった。この状況を変える契機となったのが、前述のカジミェシュ・ヤギェロンチクとオレシニツキ派の闘争であった。王は一四五四年、騎士団との戦争に際しツェレクヴィツァとニエシャヴァの陣営で貴族身分に特権を与え、このなかで、総動員の召集と立法とへの同意権を特にヴィエルコポルスカの地方小議会に認めた。これは、当時の全国議会はマウォポルスカを主体とする国王評議会主導の一院制であり、地方小議会のほうがよりよくシュラフタの意志が反映されるからであった。王はまだ政治的に未熟なシュラフタ層を領導し、その目的を達した。加えて、戦争の長期化や王朝政策の展開のために毎年のように臨時税を必要とした王は、各種の議会を頻繁に開かざるをえず、その過程でも、経済的にも潤い始めたシュラフタ層全体の政治意識と地位は確実に上昇した。

新国王ヤン・オルブラフト(在位一四九二〜一五〇一)が召集した一四九三年の議会からポーランドの全国議会は二院制の形態を取り始め、国王評議会の上層の成員が元老院《セナト》、各地の小議会の代表である地方代議員《ポスウォヴィエ・ジェムスツィ》が下院を構成した。これは上記のシュラフタ層の地位向上という変化の結果であった。しかし新しいマグナート勢力が主導権奪回の機会をうかがっていた。

キプチャク・ハン国が十五世紀半ばに最終的に分裂し、かわってオスマン帝国とモスクワ大公国が合同国家の東南と東方に進出し始めた。オルブラフトはオスマン帝国の影響力をモルダヴィアから排除し、黒海貿易の回復をめざした。一四九六年の議会で貴族身分に大きな特権を与えたのも、その事業にシュラフタの支持をえるためであった。だが翌年総動員軍はモルダヴィア軍に大敗を喫した。一方、四男のアレクサンデルを大公に就けたリトアニアは先王の死去直後からモスクワの攻撃を受けていた。一四九四年に和約が成立したが、モルダヴィアの戦いで明らかになったポーランドの軍事力の弱さがモスクワに弾みをつけた。一五〇〇年、リトアニア軍はスモレンスクの東方で完敗した。ポーランドでは翌年王が急死した。

ドニプロ川の東岸の大半を失った大公国はポーランドの援助を必要とした。オルブラフトのもとで鳴りを潜めていた王冠領のマグナートは攻勢にでた。彼らはアレクサンデル（在位一五〇一～〇六）を王に選び、ミェルニクで二つの文書を発給させた。ひとつは、両国は「不可分のひとつの身体」を構成すると謳う併合的な合同文書であり（ミェルニクの合同）、いまひとつは元老院のヘゲモニーを認めるものであった（ミェルニクの特権）。だが、マグナートはいずれの原則も維持できなかった。ポーランドでは、一五〇三年に王冠大法官《カンツレシ・コロンニ》に就任したヤン・ワスキの指導のもとでシュラフタが態勢を立て直した。翌年の議会は、王領地の贈与や抵当化は議会の開催中に元老院の同意をえておこなうべきことを定めた。大領主の所領の多くはこの種の王領地で占められていた。続いて、一五〇五年のラドム議会ではニヒル・ノヴィ法が可決された。これは二院制議会を完成させ、とりわけ下院の立法権を明確にした。一四五四年から一五〇五年にいたる半世紀は、絶対王政とは対照的な、次代のシュラフタ共和政《ジェチポスポリタ・シュラヘツカ》の法的枠組みをつくりあげ始めた時代であった。こうしたポーランドの国制のいささか特異な展開は、少なくとも、十三世紀末から十四世紀初めの統一運動の結末と、ピャスト朝の断絶との延長線上にあると考えられる。

### シロンスクと西ポモジェ

十五世紀のチェコ王冠領シロンスクは貨幣経済が一層浸透し、ポーランドとの制度上の差異は拡大した。ヴロツワフ市はその周辺に領域支配を確立し、領主の経営も羊の飼育や養魚などの、少ない労働力で高収益が望める方向にあった。だが、この地域でポーランド王冠への期待が薄れたわけではなかった。とりわけスラヴ的で反ドイツ的性格をもつフス運動の影響で、シロンスク社会の中下層部を占めるポーランド的要素が活気づき、上層のドイツ的要素のあいだでも反チェコ的雰囲気が醸成されていた。しかし、東方に傾斜したポーランドのシロンスク政策は一貫せず、永続的な成果は、三つの小公国の買い取りに成功したことだけであった。

一四六六年、フス派のチェコ王イジーと教皇とのあいだで対立が激化した。このとき、シロンスクのドイツ人はポーランド王のカジミェシュ・ヤギェロンチクに期待した。しかし王はイジーの支持に回り、状況を利用したのはハンガリー王のマーチャーシュであった。彼はモラヴィア、シロンスク、ウジツェ(ラウジッツ)を占領した。このハンガリー統治時代にシロンスクの政治的一体性の回復が始まった。諸公国や王の直轄領はウジツェを含む下シロンスクと上シロンスクとの二管区に再編され、それぞれが身分制議会をもち、そのうえにシロンスク全体を統括する総督職がおかれた。マーチャーシュを継承したヴワディスワフ・ヤギェロンチクはシロンスクをチェコ王冠のもとに戻した。同時に彼は、弟たちにグウォグフ公やシロンスク総督の地位を与えた。しかし彼らは、ポーランド王位をえるとこの地位を簡単に放棄した。

西ポモジェではポーランド国家への帰属期間が短く、またピャスト家とは異なる公家が誕生したため、ポーランド人としての意識は育たなかった。ドイツ植民と住民のドイツ化も十三世紀に急速に進行した。十五〜十六世紀にはドイツ人やドイツ化したスラヴ人がポンメルン人と自称し、スラヴ的伝統を保持する住民はカシューブ人またはスウォヴィンツィ《スラヴ》と呼ばれ、蔑視の対象となった。都市はハンザ同盟の枠内で独自の政策を展開し、騎士のあいだにはシロンスクと同様にレーエン制が浸透した。都市と騎士からなる身分制議会の力も強かった。

だがそれだけに、西ポモジェの諸公たちは、諸身分にたいする君主権の維持やブランデンブルクへの従属を回避するためにポーランドの援助を必要とした。ポーランドにとっても、西ポモジェはドイツ騎士団にたいする同盟国として重要であった。ヴォウォゴシチ・スウプスク系の諸公に対するポーランド側の年来の約束は、一四五五年、騎士団から奪回した領土の一部を封土として与えることで実現した。しかし、それ以上の西ポモジェ政策をポーランドはもっていなかった。一四七八年、西ポモジェ全土がボグスワフ十世の手中にはいった。クラクフの宮廷で育った公は一四九三年、ブランデンブルク辺境伯のホーエンツォレルン家に公家の断絶後の継承権を認めたが、臣従は拒否した。その後、彼はポーランドにレーエン関係を提案した(一五〇三〜一八年)。だが、この機会もポーランドはいかすことができなかった。

### ポーランドの中世文化とヨーロッパ

文明の周辺にあったポーランドはわが国と同様に外からモデルを受け入れ、それを在地の条件に適応させ、消化した。

初期中世は、外来のエリートによって西方の文化が在地のエリート層に注入され、ポーランドのヨーロッパ化が準備される時代であった。ボレスワフ一世の宮廷がこの点で果たした役割は大きい。そこには聖ヴォイチェフやその聖人伝を書いたクヴェルフェルトのブルーノ（聖ボニファティウス）らが集まった。息子のミェシュコ二世はラテン語やギリシア語を知っていた。

前ロマネスク様式の石造教会の出現はミェシュコ一世の時代にさかのぼる。本格的なロマネスク様式が登場するのは十一世紀半ば以降であり、大司教や司教にポーランド人が就任したり、君主の寄進でベネディクト派の修道院の建立が始まったりするのもやはりこのときであった。十二世紀後半のシトー会やプレモントレ会への寄進には貴族の役割が目立つようになる。文芸面でもこの傾向がみえる。同世紀初めのガルの年代記はボレスワフ三世のために書かれたが、世紀半ばには、貴族を主人公とし、騎士道を歌い上げる叙事詩がつくられた。青銅彫刻の傑作にはグニェズノ大聖堂の門扉がある。聖ヴォイチェフの生涯を十八景で描いたもので、十二世紀後半の作であり、フランドル文化の色彩が濃い。

十三世紀のドイツ植民とドイツ法による改革は教区教会制の普及と連動するものであり、キリスト教文化の受け手が格段に広がった。都市型の新しい修道会であるドミニコ会やフランチェスコ会のこの面での貢献はいうまでもない。彼らはゴシック様式をポーランドに導入した団体でもあった。外国で学ぶ人の数もふえ、ポーランド人による文化の創造が始まったのもこの時代の特色であった。その一人がクラクフ司教ヴィンツェンティ・カドウベクであり、彼の年代記は、ガルとは異なり、ポーランド国家と民族の誕生の舞台をクラクフにおいている。ドイツ植民はその一方で多くの人々の生活基盤や固有の文化価値を脅かした。一二八五、八七年のポーランド教会会議は説教でのポーランド語の使用を義務づけた。この措置は文語としてのポーランド語の形成をうながした。『ボグロジーツァ(生神女、聖母マリア)』の歌はそのもっとも古い遺産のひとつである。またポーランドの慣習法が十三世紀末に成文化された。もっとも、これは、ドイツ騎士団がドイツ語で編纂したものであり、『最古のポーランド法集成』と呼ばれている。

ドイツ騎士団にたいする十四世紀の二回の法廷闘争での証言は、こうして芽生えつつあった民族意識のありようを示す興味深い史料になっている。同時に、十四世紀はポーランドの国家と民族のあいだに大きな齟齬《そご》が生じた時代でもあった。一方ではポーランド語を話すシロンスクと東ポモジェの人々が統一王国の枠外におかれ、他方では、王国自体も多民族・多宗教化した。その状況はリトアニアとの合同や王領プロイセンの回復でさらに増幅される。寛容が支配的であった結果、共生は概して順調であったが、国家を枠とした帰属意識と民族意識との関係は複雑である。十五世紀半ば以降、王領プロイセンを除いて、シュラフタの圧力で都市が国政から排除されていったが、その原因のひとつは大都市の都市貴族がおしなべてドイツ人であったことにある。しかしその一方で、シュラフタは非ポーランド系の貴族や騎士を進んで仲間として迎えた。

十五世紀にはポーランド自身がヨーロッパ文化の向上に寄与し始めた。ヤン・ドゥウゴシュの国民的で壮大な年代記はそのひとつである。ヤドヴィガとヤギェウォの努力で再興されたクラクフ大学(ヤギェウォ大学)は、カジミェシュ大王のときとは違って神学部をもち、リトアニアの教化を主たる使命としたが、近代のヒューマニズムに通じる思想をも生んだ。スカルブミェシュのスタニスワフは「正義の戦争」についての法的枠組みをつくりあげ、ブルゼニのパヴェウ・ヴウォトコーヴィッツは異教徒にも生存の権利を認めた。彼らの論理はドイツ騎士団との戦いのなかで育まれた。農民出身の医学者、ルジスコのヤンは人間の平等を説き、農民の境遇の改善を訴えた。大学以外では、『国家に関する覚え書』を残したヴィエルコポルスカ出身のヤン・オストロルグがいる。これは王の主権の絶対性を説き、カジミェシュ・ヤギェロンチクの王権強化を支えた。むろん、外来者の役割も大きい。ニュルンベルクの木彫師ヴィト・ストヴォシはクラクフの聖マリア教会の祭壇等の作品を残し、人文主義の開花はイタリア人フィリプ・ブオナコルシをぬきにしては語れない。最初の活版印刷物は、クラクフで一四七三年に発行された翌年用の暦であった。

東方に進出したポーランドは、また、文化の面でも東西の架け橋という独自の役割を担い始めた。ゴシックの教会建築がリトアニアやルーシに波及する一方で、ルーシ・ビザンツ様式のフレスコ画に代表される新しい要素が東からもたらされ、西方の様式と融合した。ルブリン城内のゴシックの礼拝堂の壁を飾るフレスコ画はその象徴である。

総じてポーランドはモスクワ・ロシアと異なり、基本的には西ヨーロッパの文化圏に属するが、その始まりはこの中世における西方カトリック教とドイツ法の受容にあると思われる。

第三章

# 貴族の共和国

## 1　シュラフタ民主政の発展

### 国土の統合と住民構成

近世（十六〜十八世紀）のポーランド・リトアニア国家は、しばしば「貴族（士族）の共和国」（ジェチポスポリタ・シュラヘツカ）と呼ばれる。君主（ポーランド国王兼リトアニア大公）がいるにもかかわらず「共和国」と呼ばれるのは、人口の一割弱を占める貴族身分（シュラフタ）が選挙で国王を選び、身分制議会を通じて国政上の主導権を握っていたからである。

この「共和国」は、北はバルト海から南は黒海北方のステップ地帯にいたる広大な領域を支配していた。面積は十六世紀末には約八一万五〇〇〇平方キロで、ヨーロッパのキリスト教諸国のなかではモスクワ大公国につぐ広さであった。この国土に約七五〇万（ポーランド四〇〇万、リトアニア三五〇

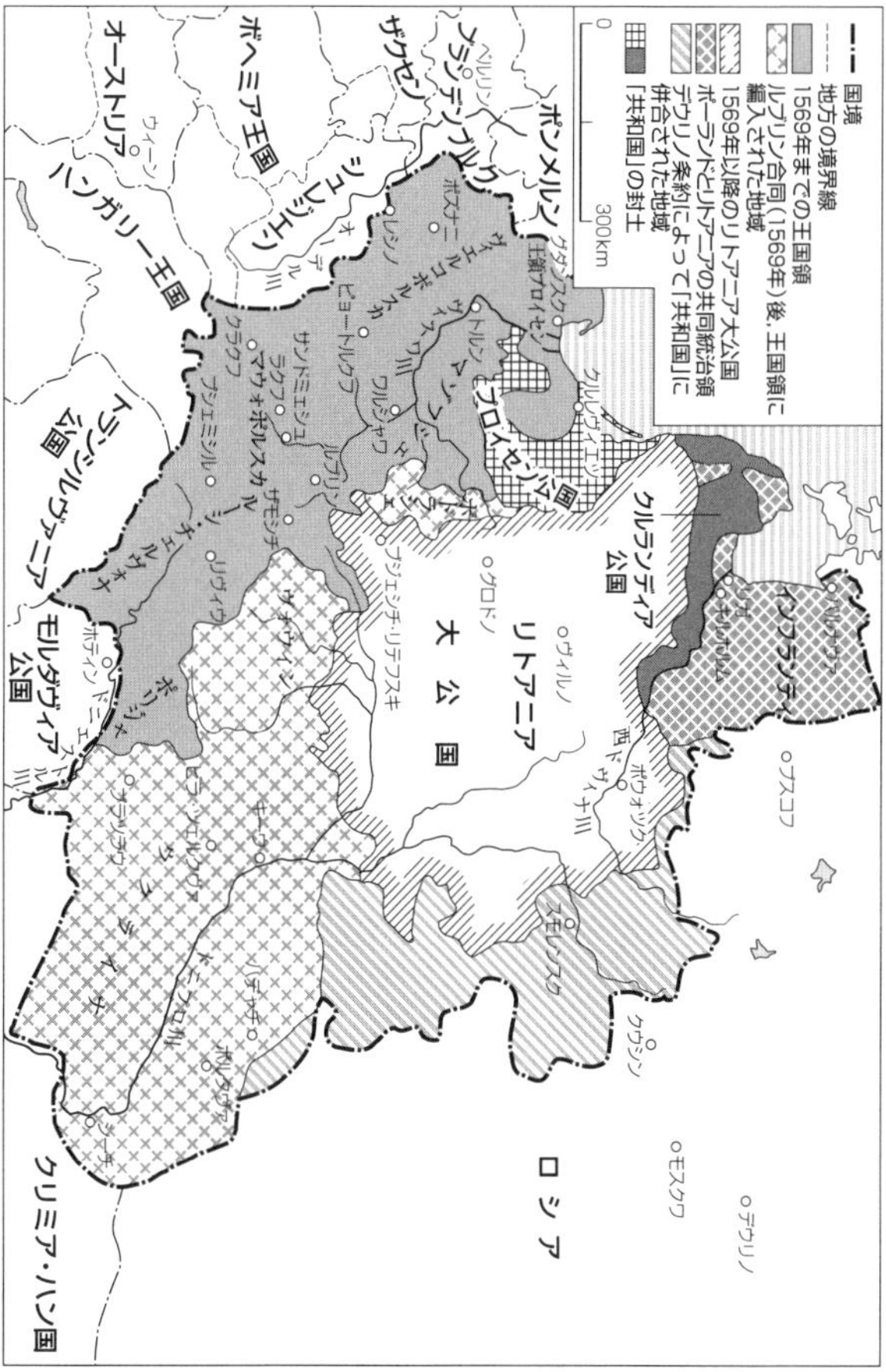

1569~1648年の「共和国」

万)の人々が暮らしていた。総じて東にゆくほど住民は希薄で、この人口密度の落差がポーランド貴族の東方への進出の誘因となった。

バルト海と黒海という二つの海に挟まれた国土の枠組みは、十六世紀に領土の拡大と統合が進むなかで徐々に形成された。まず、バルト海沿岸地域では、ドイツ騎士団領の服属が進んだ。騎士団領のうちグダンスクを含むヴィスワ川下流域は、すでにトルン条約(一四六六年)によってポーランド王国に併合されていた(王領プロイセン)が、東プロイセンとリヴォニアはなお騎士団の支配下にあった。ポーランド国王ジグムント一世(在位一五〇六~四八)は一五一五年、ウィーンで皇帝マクシミリアン一世と会見した。国王は、チェコとハンガリーでヤギェウォ家がたえた場合にハプスブルク家が王位を継承することを認め、そのかわりに皇帝の騎士団への支持を撤回させたうえで、騎士団との戦争に踏み切った(一五一九~二一年)。うしろだてを失った騎士団長アルブレヒト・ホーエンツォレルンはルター派に改宗し、一五二五年、クラクフでジグムント一世に臣従を誓った。東プロイセンの騎士団領は世俗化されてプロイセン公国となり、初代プロイセン公アルブレヒトはポーランド国王の封臣となった。

遅れて北方のリヴォニアでも、一五六一年に騎士団領が世俗化された。リヴォニア南部のクルランディア(クルゼメ)とセミガリア(ゼムガレ)はクルランディア公国として「共和国」の封土となり、最後のリヴォニア騎士団長ゴットハルト・ケトラーが公位に就いた。リガを含む残りの地域(インフランティ)は「共和国」に併合され、一五六九年以降はポーランドとリトアニアの共同統治領となった。

　こうして西プロイセンからリヴォニアにいたるバルト海沿岸地域が「共和国」の勢力下にはいった。ただし、リトアニア大公国領東部では、モスクワ大公国との戦争の結果、一五一四年にスモレンスク地方が失われたのをはじめ、十五世紀と比べて領土はむしろ縮小した。

　王国領内の制度的統合も進んだ。ピャスト家の公領であったマゾフシェは、十五世紀後半から部分的に王国領への併合が進んでいたが、一五二六年に公家がたえたのち、完全に王国領に編入された。自治権の強かった王領プロイセンに関しても、一五六九年、王領プロイセン議会が「共和国」の議会制度に組み込まれ、従来以上に統合が強化された。

　ポーランドとリトアニアとの結合も強化された。ヤギェウォ朝の最後の二代の君主、ジグムント一世とジグムント二世アウグスト(一五二九即位、実質的な治世は一五四八〜七二)は王位と大公位を兼ね、両国は同君連合の関係にあった。制度上、リトアニア大公位はヤギェウォ家の世襲、ポーランド王位は選挙制であったが、ジグムント二世には子どもがなく、ヤギェウォ家の断絶によって両国の絆が切れる可能性が生じた。これにたいして東方進出を望む王国領のシュラフタと、特権の拡大を求めるリトアニアの下層貴族は双方の関係の強化をはかり、一五六九年、ルブリン議会で両国の制度的合同が成立した(ルブリン合同)。以後、両国は共通の選挙で君主を選び、合同で議会を開き、統一した外交政策をおこなうことになった(ただし行・財政機構、軍隊は双方で別個に組織された)。また、両国の貴族がおたがいの領土に自由に土地を取得することが認められ、ポーランド貴族の東方への進出は一層容易になった。なお、合同締結に先立って、それまでリトアニア領に属していたポドラシェ、ヴォウィン(ヴォルイニ)、ウクライナ(キーウ県、ブラツラウ県)は王国領に編入された。

こうした一連の国土の拡大と統合によって「共和国」の複合多民族国家としての性格はいちだんと強まった。十六世紀後半にはルテニア人(のちのウクライナ人とベラルーシ人)、リトアニア人、ラトヴィア人、ドイツ人、ユダヤ人、アルメニア人、タタールなど非ポーランド系住民が約五割を占め、宗教的にもローマ・カトリック、プロテスタント諸教会、東方正教会、合同教会(ユニエイト教会とも呼ばれる。一五九六年に成立)、アルメニア教会、ユダヤ教、イスラム教など多様な宗派が共存していた。身分的には社会は大きくシュラフタ、都市民、農民、聖職者の四身分に分かれていたが、ユダヤ人、アルメニア人、タタールもそれぞれ自治的な権利を認められ、一種の身分団体を形成していた。このうちユダヤ人は近世に急速に人口が増大した(ある試算によれば、十六世紀末に四%前後であった人口比は十八世紀後半には一〇%近くに達した)。彼らの居住地域は主として「共和国」の東部と南部で、当初は規模の大きな都市で商業や手工業に従事していたが、十六世紀末から小都市や農村部に拡散し始めた。ユダヤ人は各共同体ごとに「カハウ」と呼ばれる自治組織を形成し、さらに十六世紀後半から十七世紀前半にかけてリトアニアと王国領にそれぞれ「ヴァード」と呼ばれる全国的な議事機関が設けられた。

以上のようなモザイク状の社会を国家に統合するうえで、同一の特権を共有するシュラフタの身分的結合は重要な役割をはたした。その意味でも近世のポーランド・リトアニア国家は「貴族の共和国」であった。

### バルト海貿易の繁栄と賦役農場制の展開

バルト海沿岸地域の確保と東方への勢力拡大は、この時期の「共和国」がヨーロッパ経済のなかで占める位置と密接に関連していた。すでに十五世紀後半からバルト海貿易は活発化し、ポーランド産の穀物や森林資源が西欧に輸出され、西欧からは手工業製品などが輸入されていた。十六世紀に西ヨーロッパで人口の増大などにより穀物需要が高まり、農産物価格が上昇すると、東欧からの安価な穀物輸出にはさらに拍車がかかった。グダンスクからの穀物輸出量は十六世紀を通じて一〇倍になり、十七世紀前半には年平均一四万トン、最大で二四万トン(一六一八年)に達した。輸出穀物の内訳は大部分がライ麦、ついで小麦で、輸出先は主として西欧諸国、うち約八割がネーデルラント向けであった。毎年、アムステルダムに備蓄されるポーランド産穀物は、五〇万〜一〇〇万人分の消費量に匹敵した。グダンスクからは穀物以外に木材や毛皮が輸出され、また、年間四万から六万頭の牛が陸路、ドイツに輸出された。逆に西ヨーロッパからは毛織物をはじめとする手工業製品、植民地物産、ワインなどが輸入されたが、貿易のバランスはポーランド側の輸出超過で、大量の貴金属が流入した。

輸出市場の好況は農業生産のあり方に大きな影響をおよぼした。シュラフタを中心とする領主層は、国内外の市場向け穀物の増産のために、開墾や農民保有地の取得などによって領主直営地の拡大をはかった。また、労働力を確保するために農民の移動を制限し、直営地での労働の強化につとめた。十六世紀前半には一ワン(地域差があり、この時代には、約一七または二五ヘクタールに相当する)当たり最低週一日と定められていた賦役の日数は、世紀後半には週三日に増大した。また、一五一八年には、王領地を除く世俗領主の所領内の農民は国王裁判への上訴権を失い、領主の支配が強化された。こうしてポーランドでは、領主直営地を中心に農民の強制労働によって市場向けの作物を生産する賦役農場制が発達した。このような農業制度は農民の労働意欲を削ぎ、長期的には生産性を低下させるものであったが、十六世紀の好況期にはその負の効果は表面化せず、穀物ブームの恩恵は富農層にもおよんだ。実際、十六世紀のポーランドの穀物収穫率は比較的高く(ライ麦の場合、一ヘクタール当たり七〜九キンタル〈一キンタル=一〇〇キロ〉)、その後、十九世紀までこの水準には達しなかった。

国外市場向けに生産された穀物は、ヴィスワ川や西ドヴィナ(ダウガヴァ)川などの水運を通じて河口に運ばれ、グダンスク、リガなどの港湾都市でオランダ商人をはじめとする外国商人に売却された。とくにグダンスクは、王国領の海外貿易の八割が集中し、人口約六万の「共和国」最大の都市として繁栄した。十六世紀の好況期には中小の領主も輸出向け穀物生産に参加して利益をあげたが、遠隔地への穀物の輸送にはコストがかかるため、長期的には大規模な農場を経営する大貴族《マグナート》により有利であった。十六世紀から十七世紀にかけてザモイスキ家、ルボミルスキ家、オストログスキ家、ラジヴィウ家、ヴィシニョヴィエツキ家などの有力貴族が「共和国」東部を中心に土地を集積し、大所領を形成する。

この時期の経済的変化が都市におよぼした影響はやや複雑である。都市建設の動きは十六世紀末にピークをむかえ、その後もペースは落ちるが持続する。比較的大きな王領都市の上層市民のなかには経済的実力を背景に貴族身分に上昇する者もあらわれた。しかし、こうした変化は、グダンスクのような一部の港湾都市を除くと、長期的にみて必ずしも国内の商業・手工業の発展や都市民層全体の経済的・社会的地位の上昇には結びつかなかった。十六世紀末の王国領には一〇〇〇近くの都市が存在したが、大半は住民三〇〇〇人以下の小都市であり、人口一万をこえる都市はグダンスク、クラクフなど数都市にすぎない。あらたに建設された都市は大領主に従属する私領都市が多く、「共和国」東部では小都市の住民の多くが農業に従事していた。シュラフタの経済政策も、むしろ都市の発展を抑制する方向に向かった。十五世紀末から十六世紀にかけて議会は、都市民の土地購入・所有を禁じ、外国商人を優遇して国内商人による国産品の輸出を禁止するなど、都市の経済活動を制限する立法をおこなった。また、シュラフタは自分の所領の生産物を輸出したり、自己消費用に外国産品を輸入する際には関税を免除されており、国内商人を介さずに直接グダンスクや外国の商人と取引して大きな利益をえた。

このように十六世紀の「共和国」は地主貴族が世界市場と直結することで経済的に繁栄したが、それは国内の都市勢力を富の分配から排除する傾向をともなってもいたのである。

### 「法の執行」運動

農場経営によって経済的に余裕のできたシュラフタ層は、政治の世界でも発言力を強めた。シュラフタ身分の利害を代表する全国議会《セイム・ヴァルニ》は、十五世紀末から制度的枠組みを整えていった。一四九三年から地方議会《セイミキ》の派遣する代議員が下院（代議院）を形成し、元老院（従来の国王評議会）とならんで二院制議会を構成した。また、一五〇五年の「ニヒル・ノヴィ」法令により、国王は上下両院の同意なしにはあらたな立法ができないことになった。国王自身も議会の不可欠の構成要素とみなされ、国王、元老院、代議院の三者が「議会の三身分」と呼ばれた。

元老院に議席をもつのはカトリック教会の高位聖職者（大司教、司教）と国家の高位官職保有者（県知事《ヴォイエヴォダ》、城代《カシテラン》、大臣）で、原則としてシュラフタ身分出身者であった。元老院の議席数は、十六世紀前半で九〇前後（たとえば一五二四〜二五年の議会の場合、八七議席）、ルブリン合同後は一四〇前後になった。他方、代議院は各地方議会で通常二人ずつ選出される代議員で構成され、ルブリン合同後は約一七〇人を数えた。代議員もシュラフタ身分に限定されており、例外としてクラクフとヴィルノ（ヴィルニュス、一五六九年以降）の使節が代議院への出席を認められていたが、都市にかかわる問題を除いて発言権をもたなかった。地方議会は県ないしその下部単位ごとに開かれ、その地方に土地を所有するシュラフタ全員に参加権があった。このように「共和国」の議会制度は、地方レヴェルではシュラフタの直接民主制、中央レヴェルでは間接民主制をとり、形式的には二院制で「三身分」からなるが、実質的にはシュラフタ身分のみが代表権を独占していた。

一五〇六年に即位したジグムント一世は、プロイセン臣従によって騎士団問題に一応の決着をつけ、モハーチの戦い(一五二六年)でハンガリーを破ったオスマン帝国とも一五三三年に和平条約を結んだ。しかし東方ではモスクワ大公国との戦争が続き(一五〇七〜〇八、一二〜二二、三四〜三七年)、東南方ではたび重なるタタールの襲撃に悩まされていた。東南部辺境の防衛のためには一定数の兵力を常駐させる必要があったが、戦費の財源となる王領地は、歴代の国王が有力貴族に授貸与したために、その多くが失われていた。すでにアレクサンデル治世下の一五〇四年、議会開催中に元老院議員の同意をえることなしに王領地を授与・質入することを禁ずる法令が制定されていたが、ジグムント一世の即位時には国家財政は危機的状況にあった。国王は毎年のように議会を開いて課税への同意をとりつけ、王領地の配分の仕方を調整して財政の再建をはかった。

しかし、ジグムント一世のこうした政策はおもに元老院を基盤としておこなわれたために、代議院を中心とするシュラフタからは不満の声があがった。彼らは、過去に定められた法的な諸権利が十分守られていないとして公正な「法の執行」を要求し、官職や王領地の授与が元老院の大貴族にかたよっていることを批判した。とりわけ一五一八年にイタリアから嫁いだ王妃ボナ・スフォルツァが官職や王領地を一部の有力者に優先的に配分したこと、また、一五二九年に現国王の生前にジグムント・アウグストの次期王位選出を強行したことは、シュラフタの反発を招いた。彼らの不満は、一五三七年、国王がモルダヴィア遠征のためにシュラフタを総動員した際に噴出した。リヴィウ近郊に集結したシュラフタはロコシュ(王権の不正に抵抗するために武装して結集したシュラフタの集会)を結成し、軍事遠征を拒否して国王と王妃の政策を非難した(ニワトリ戦争)。国王は総動員を撤回して譲歩したが、その後も王権とシュラフタとの緊張関係は続いた。

一五四八年にジグムント一世が死去し、ジグムント二世アウグストの実質的な統治が始まると、「法の執行」運動は、より明確に中流シュラフタの反王権・反マグナート的政治運動の色彩をおび始めた。「執行」派は代議院を中心に活動を展開し、その指導者にはミコワイ・シェニツキ、ラファウ・レシチンスキなどプロテスタントが多く含まれていた。彼らの主張は多岐にわたるが、主要なものはつぎの三点である。第一に、軍事・財政改革。その中心は、一五〇四年の王領地に関する法令以降に不法に授貸与された王領地の返還(「領地の執行」)の要求であった。第二に、カトリック教会の諸特権、とくに国防負担免除と教会裁判権にたいする批判。第三に、国内の法的・制度的統合の強化。このうち第三点についてはすでにふれたので、ここでは第一点と第二点を中心に運動の展開を追っておこう。

ジグムント二世アウグストの治世は、リトアニアの大貴族の娘バルバラ・ラジヴィウーヴナとの秘密結婚（一五四七年）が露見して議会で激しい非難をあび、波乱の幕開けとなった。国王は元老院の有力貴族の一部に王領地を分与し、権力基盤を確保しようとした。このやり方は財政を圧迫し、代議院の反発を招いたが、王権と元老院の同盟におさえられた。この時期の「執行」運動のおもな成果は、一五五二年に国王代官《スタロスタ》による司教裁判所の判決執行を停止させたことである。これは実質的には教会裁判権の停止を意味し、一〇年後の議会でも再確認されて宗教的寛容の確立の重要な一歩となった。

しかし一五五八年にはリヴォニアをめぐってモスクワ大公国との戦争が始まり、財政はさらに逼迫《ひっぱく》した。国王は一五五九年から三年間、議会を開かずに統治したが事態は好転せず、六二年末から翌年にかけて開かれた議会において、従来の方針を変更して「執行」派との協力に転じた。王の衣装ではなくシュラフタの身なりで議場にあらわれた国王は「領地の執行」に同意した。これを受けてつぎの議会（一五六三〜六四年）では個々の王領地授貸与の合法性の審査がおこなわれ、また全国の王領地の経済状態の調査がおこなわれた。この調査によって確定した王領地収入のうち、王領地利用者の取得分（二割）を差し引いたうえで、残りの四分の一（王領地収入全体の二割）が辺境防衛費に、四分の三が王室経費にあてられた。この改革により王領地の一部が返還され、王領地収入を財源として辺境防衛のための常備軍（「四分の一軍」）が設置された。

このように十六世紀半ばの代議院を中心とするシュラフタ中間層の改革運動は、教会権力の制限、

「領地の執行」、国内統合の進展などの成果をあげた。とくに一五六〇年代に「執行」派が王権と協力しながら元老院のマグナート勢力を牽制し、政治的改革を推進したことは画期的であった。シュラフタの主導する議会制度が王権と均衡を保ちつつ国家運営に積極的な役割をはたした点で、この時期の一連の「執行議会」は「シュラフタ民主政」の成長を証言するものであった。

## 空位期と国王選挙

リヴォニアをめぐるモスクワ大公国との対立は、一五六一年のリヴォニア騎士団の世俗化と「共和国」への服属によってあらたな局面をむかえた。一五六三年からはスウェーデン、デンマークも加わって、バルト海の支配権をめぐる四つ巴の戦争が始まった。ジグムント二世は海上戦力の強化のために私掠船団を組織し、一五六八年には「海事委員会」を設置した。一五七〇年、モスクワとの休戦が成立したが、リトアニア大公国東部のポウォツク(ポーラツク、ポーロツク)が失われ、リヴォニア問題も解決をみなかった。

一方、国内では、「領地の執行」が一応の成果をあげると、国王と「執行」派との距離はふたたび開き、国王選挙の方法など重要な問題について具体的な方策が定まらないままに一五七二年、ジグムント二世アウグストの死をむかえた。一八六年間にわたって続いたヤギェウォ王朝が断絶したことで、「共和国」は緊張した空気につつまれた。シュラフタは空位期の治安維持のために「連盟」を結成した。翌七三年一月、ワルシャワで選挙のやり方を決めるための議会(召集議会)が開かれた。選挙の場所はワルシャワ近郊に決まり、シュラフタ「各人」が選挙権を有することが確認された。空位期に王権を代行する執政には首座大司教が就任した。

選挙の場所がカトリック勢力の強いマゾフシェに決まり、しかもカトリック教会の長が執政の地位に就いたことは、プロテスタント貴族に不安を与えた。カトリック側も空位期に宗教的な理由から混乱が生じることを望まなかったため、両者の代表が協議して空位期の宗教的平和を保障する「ワルシャワ連盟協約」を起草した。この協定は、適用される宗派や身分の範囲に関して曖昧な部分を残していたが、新旧両宗派間の話し合いによる平和共存の取り決めとして、当時のヨーロッパにおいては画期的なものであった。

一方、国王選挙には、国内からは有力な候補者が立たず、国外からの候補者としてハプスブルク家の大公エルンスト、アンジュー公アンリ・ド・ヴァロワ、モスクワ大公イヴァン四世、スウェーデン国王ヨハン三世らの名前があがった。このうち有力候補は大公エルンストとアンリ・ド・ヴァロワであった。一五七三年五月、選挙議会が開かれた。前年のサン・バルテルミーの虐殺の当事者であるアンジュー公にたいしてはプロテスタント貴族のあいだに懸念もあったが、シュラフタ一般の反ハプスブルク感情もあってアンリ・ド・ヴァロワが当選した(ヘンリク・ヴァレジィ、在位一五七三〜七四)。

シュラフタは、新しい君主をむかえるにあたって二種類の契約を準備した。ひとつはヘンリクとの個人的契約(パクタ・コンヴェンタ)で、フランスとの同盟、軍事援助、クラクフ大学への助成などを含んでいた。いまひとつは王位当選者との公的な統治契約(ヘンリク諸条項)で、国王は「共和国」の法と特権を尊重すること(ワルシャワ連盟協約の定める宗教的寛容の尊重もこのなかに含まれる)、二年ごとに会期六週間の議会を開くこと、議会の同意なしに総動員や課税をおこなわないこと、元老院議員一六人からなる常任評議会(任期二年、四人ずつ半年交替で担当)を設置すること、国王が不法な統治をおこなった場合にはシュラフタは服従と忠誠を拒否しうること、などを規定していた。選挙王制のもとで王権のおうべき義務と制約を明記した点で、この統治契約は「共和国」国制史上の画期となった。以後、「ヘンリク諸条項」は当選した歴代の国王が遵守すべき基本法となる(他方、「パクタ・コンヴェンタ」は、国王選挙ごとに各当選者と個別に結ばれた)。

しかし、フランス出身の二十二歳の若い国王は、自らに課された数々の拘束に不満をいだいた。一五七四年二月にクラクフで戴冠式をあげたヘンリクはわずか四カ月後、兄シャルル九世の訃報に接して夜半秘かにポーランドを去り、フランス王位に就いた(アンリ三世)。ポーランド側は夜逃げした国王の帰還を空しく待ったが、結局、翌七五年五月にふたたび空位期を宣言し、あらたな選挙の準備にはいった。

この二度目の国王選挙には、神聖ローマ皇帝マクシミリアン二世が自ら候補に立った。シュラフタのあいだでは「ピャストの王(ポーランド人の王)」を待望する声が高まったが、ジグムント・アウグストの妹アンナ・ヤギェロンカを除くと適任者がおらず、ハプスブルク家に対抗する候補としてトランシルヴァニア公ステファン・バトーリ（バートリ・イシュトヴァーン）が浮上した。一五七五年十二月、元老院と一部のシュラフタはマクシミリアン二世を選出した。しかし三日後、ミコワイ・シェニツキ、ヤン・ザモイスキらの率いるシュラフタは、アンナ・ヤギェロンカとの結婚を前提にステファン・バトーリを王位に選出した。シュラフタの多数に支持されたバトーリは翌年五月、戴冠した（在位一五七六～八六）。十月にマクシミリアン二世が死去したため、二重選挙にともなう内戦は回避された。

バトーリは対外的には積極策をとった。一五七七年にイヴァン四世がリヴォニアに侵攻すると、翌七八年にはモスクワ大公国との戦争に備えて王領地農民から選抜した歩兵軍を編成した。国王は、リヴォニアを占領したモスクワ軍の背後を衝く作戦を立て、翌七九年にポウォツクを奪回、八一年にはプスコフを攻囲した。一五八二年、ヤム・ザポルスキで一〇年間の休戦条約が結ばれ、モスクワ軍はリヴォニアから撤退し、ポウォツク地方がリトアニアに回復された。

内政面では、国王は大法官ヤン・ザモイスキと密接な関係を保ち、ザモイスキと対立する大貴族ズボロフスキ家を弾圧した。ズボロフスキ側はこれを王権によるシュラフタの自由の侵害であると主張し、国王とシュラフタの溝は深まった。シュラフタの改革運動はすでにかつての勢いを失いつつあったが、一五七八年の「王国裁判所《トゥリブナウ・コロンニ》」の創設は「法の執行」運動の延長線上の成果である。王国裁判所は国王裁判にかわるシュラフタ身分の最上級審であり、裁判官は各地方議会で選出されたシュラフタと聖職者の代表で構成された（聖職者の代表は、訴訟の一方の当事者が聖職者である場合に限り審理に参加した）。同様の最高法廷は一五八一年、リトアニアにも設置され、「シュラフタ民主政」の司法面での制度化が完了した。

## ルネサンスと宗教改革

十六世紀は文化面でもめざましい発展の時代であった。十五世紀後半から人文主義の波がポーランドにもおよび、やがてその潮流のなかから各分野で優れた人材が輩出した。自然科学の領域ではミコワイ・コペルニク（コペルニクス）が地動説を唱え（『天球の回転について』一五四三年刊）、貨幣流通についても著述を残した。地理学者ベルナルト・ヴァポフスキは最初の近代的なポーランドの地図を作成し、政治思想家アンジェイ・フリチ＝モドジェフスキは『国家改革論』（一五五一年刊）において体系的な国家論を展開した。文学の領域では、世紀前半に農民出身のクレメンス・ヤニツキをはじめとするラテン語詩人が活躍したのち、世紀中葉からミコワイ・レイ、ウカシュ・グルニツキらによってポーランド語による優れた詩や散文が書かれるようになった。とりわけルネサンス期を代表する詩人ヤン・コハノフスキの作品は、後世のポーランド文学にも大きな影響を与えた。

こうした学問・芸術の興隆の背景には、社会全体の教育水準の上昇、印刷術の普及、留学や芸術家の招致による活発な人的交流があった。十六世紀にはほぼ各教区に付属学校がおかれ、宗教改革の波及によりプロテスタントの学校も建てられた。出版業もクラクフを中心に発展し、世紀半ばにはポーランド語による出版物が優位を占めるようになった。十六世紀後半から十七世紀前半にかけて、新旧各宗派による聖書のポーランド語訳が刊行された。クラクフ大学は最盛期をすぎつつあったが、シュラフタの子弟はイタリアやドイツの大学に留学し、帰国後は国王秘書官などに登用されて国政を支えた。ヤニツキやグルニツキなど農民や都市民の出身者が活躍したことも、ルネサンス期の特色である。王権も学芸を保護し、ジグムント一世はイタリアから建築家を招いてクラクフのヴァヴェル城の増改築(一五三六年終了)やジグムント礼拝堂の建築(一五一七～三三年)をおこなわせた。ルネサンス様式はやがて都市やマグナートにも普及し、ポズナニ市庁舎の改築(一五五〇～六〇年代)やヤン・ザモイスキによる都市ザモシチの建設(一五八〇年着手)がおこなわれた。

一方、ドイツで始まった宗教改革も急速にポーランドに普及した。まず、一五二〇年代にバルト海沿岸や王国領西部のドイツ系住民にルター派が浸透した。一五二五年には宗教改革の影響下にグダンスク市民や東プロイセンの農民が暴動を起こしたが、武力で鎮圧された。ジグムント一世は当初、異端を禁止する勅令をだして厳しい姿勢で臨んだが、四〇年代からはカルヴァン派や、フス派の流れを汲むボヘミア兄弟団が主としてシュラフタ層に浸透した。一五六二年にはカルヴァン派から急進的な反三位一体派が分離し、「ポーランド兄弟団」を形成した。シュラフタはプロテスタンティズムのなかにカトリック教会の特権を批判する政治的武器をみいだした。「法の執行」運動のリーダーの多くはプロテスタントであり、一五六〇年代には国教会設立の動きも起こった。この構想は挫折したが、もともと東方正教会などカトリック以外の宗派が存在したことに加えて、この時期にはシュラフタの身分的連帯が宗教的対立を上回っており、宗教的理由による迫害はシュラフタの自由の侵害とみなされたため、多様な宗派の平和共存が実現した。一五七〇年にはサンドミェシュでルター派、カルヴァン派、ボヘミア兄弟団の相互協力が成立し、七三年にはワルシャワ連盟協約により反三位一体派をも含む諸宗派間の寛容が法的に保障された。異宗派間の交遊や結婚はシュラフタのあいだでは珍しいことではなかった。

プロテスタント諸教会は学校教育にも力を注ぎ、グダンスクやトルンのルター派のギムナジウム、レシノのボヘミア兄弟団の学校(十七世紀前半にはコメニウス〈ヤン・コメンスキー〉が教鞭をとった)、ラクフのポーランド兄弟団の学校などは教育水準の高さで知られた。しかしポーランドの宗教改革は、ルター派のドイツ系住民への浸透を除けば農民や都市民にほとんど根をおろさず、カトリック側の攻勢が強まる十六世紀末から徐々に退潮に向かった。

## 2　岐路に立つ「共和国」

### 王権と貴族の葛藤

一五八六年、ステファン・バトーリが没すると、「共和国」は三度目の空位期にはいった。ハプスブルク家はオーストリア大公マクシミリアンを国王候補に立て、ズボロフスキ家など一部のマグナートがこれを支持した。これにたいして大法官ザモイスキを中心とする勢力は、スウェーデン国王ヨハン三世の息子で、母方を通じてヤギェウォ家の血を引くジグムント・ヴァーザを選出し（八七年八月）、前回に続いて二重選挙となった。マクシミリアンは軍を率いてポーランドにはいったが、八八年一月、ビチナでザモイスキ軍に破れて捕虜となり、翌年、両派の和解が成立した。

ジグムント三世ヴァーザ（在位一五八七～一六三二）はザモイスキの支持で王位に就いたものの、即位後もスウェーデン王位に固執し、親ハプスブルクでスペイン型の絶対王政を理想とするなど、大法官とは考え方があわなかった。しかも国王がポーランド王位をハプスブルク家にゆずる交渉を秘密裏に進めていたことが露見し、両者の溝は一層深まった。一五九二年の「審問議会」で国王は非を認めたが、シュラフタの国王にたいする不信感は強まった。また、ジグムント三世がイエズス会士を重用し、国王代官による教会裁判判決の執行の再開（九二年）、合同教会の創設（九六年）など強硬なカトリック化政策をとったことは、プロテスタントや正教徒のシュラフタのあいだに強い反発を生んだ。

一六〇五年、ザモイスキは議会でシュラフタの権利を擁護する最後の演説をおこない、世を去った。翌〇六年二月、クラクフ県知事ミコワイ・ゼブジドフスキの率いるマウォポルスカのシュラフタは、国王への異議申し立てのために全国のシュラフタに集結を呼びかけた。これに応えて数千人が集まったが、国王側が強硬な姿勢をくずさなかったため、八月には数万人の反王党派貴族がサンドミェシュでロコシュを結成し、王権の制限やイエズス会士の追放などを要求した。王党派もヴィシリツァで対抗ロコシュをくみ、事態は内戦の様相を呈した。一六〇七年、グズフで国王軍がロコシュ軍を破り、翌年、ゼブジドフスキが国王に謝罪して内戦は反王党派の敗北に終わった。この紛争によって「法の執行」運動の系譜に連なる改革派シュラフタは力つき、国王も王権強化策からの転換を迫られるなかで、唯一、勢力を伸ばしたのはマグナート層であった。その意味で、「ゼブジドフスキ（またはサンドミエシ）のロコシュ」は、結果的に「シュラフタ民主政」から「マグナート寡頭《かとう》政」への転換をうながす出来事となった。

### 東方への進出

ルブリン合同によって国政の重心は東方に移動した。国土の西南端に位置するクラクフは統治に不便であり、十六世紀半ばから全国議会や国王選挙は東寄りのワルシャワでおこなわれていた。ジグムント三世は一五九六年、ヴァヴェル城の火災をきっかけにワルシャワに拠点を移す準備を始め、一六一一年以降、国王宮廷はワルシャワに定着した。クラクフは、その後も国王の戴冠式がおこなわれるなど公式には首都としての地位を維持したが、実質的な政治的機能の中心はワルシャワに移った。

この事実上の遷都がおこなわれた前後、「共和国」の東方への膨張の傾向は頂点に達した。イエズス会を中心に東方への勢力拡大をはかるカトリック教会は、教会合同によって正教徒を統合する構想を立てた。正教徒の帰一により王権が強化されると考えたジグムント三世もこれを支持し、一五九六年、ブジェシチ・リテフスキ(ブレスト・リトフスク)で開かれた公会議において、東方教会の典礼を維持しながらローマ教皇の権威を認める合同教会が成立した。しかし、正教徒の多くはこれを認めず、かえって反発を強めた。宗教的統合を意図したブジェシチ合同は、逆に「共和国」東部にあらたな宗教的対立の火種を撒く結果となった。

東方への進出は、やがてモスクワへの軍事遠征に発展した。ロシアではリューリク王朝断絶(一五九八年)後、ボリス・ゴドゥノフが帝位に就いていたが、殺されたはずのイヴァン四世の息子ドミートリーを名乗る男が「共和国」に出現した。ヴォウィンやウクライナに所領をもつ大貴族ヴィシニョヴィエツキ家やサンドミェシュ県知事イエジィ・ムニシェフらがこの僭称《せんしょう》者のうしろだてとなった。一六〇四年、偽ドミートリーはカトリックに改宗し、イエズス会とジグムント三世の暗黙の了解のもとにモスクワに侵攻、翌年、ゴドゥノフの急死後、ツァーリの位に就き、ムニシェフの娘マリナを帝妃にむかえた。しかし、ポーランド人の介入は反発を招き、翌一六〇六年、民衆の反乱により偽ドミートリーは殺され、ヴァシーリー・シュイスキーがツァーリに即位した。

しかし、ロシアの偽皇帝劇はこれで終わらなかった。一六〇七年、前年に殺されたはずの偽ドミートリーを名乗る男があらわれ、シュラフタの支援を受けてモスクワに迫った。これに対抗してシュイスキーが一六〇九年にスウェーデンと同盟を結ぶと、ジグムント三世はモスクワ遠征を決意した。翌一〇年、ポーランド軍はクウシン(クルシノ)で大勝し、モスクワに入城した。遠征軍司令官スタニスワフ・ジュウキェフスキは、シュイスキーを退位させてジグムント三世の息子ヴワディスワフを即位させることで事態を収拾しようとしたが、ジグムント三世は自らツァーリとなることを主張し、紛糾した。その間にモスクワのポーランド軍は包囲されて降伏し(一六一二年十一月)、一六一三年、ミハイル・ロマノフがツァーリに選出されて遠征は失敗に終わった。一六一七〜一八年に三たび、王子ヴワディスワフを「全ロシアのツァーリ」に立ててモスクワ遠征がおこなわれ、やはり帝位獲得には失敗したが、一六一八年末のデウリノの講和(翌年一月三日発効)により、十六世紀前半に失われたスモレンスクを含む東方の領土がふたたび「共和国」に併合された。

東南方では、十六世紀を通じて比較的平穏であったオスマン帝国とのあいだに暗雲がたちこめ始めた。関係悪化の一因はウクライナ・コサックであった。ポーランドはコサックの登録制度を設け、タタールの襲撃を防ぐためにその軍事力を利用したが、コサックは王権の統制を離れてオスマン帝国領内に遠征し、略奪を繰り返した。加えてジグムント三世は、三十年戦争が始まると「リソフチイツィ」と呼ばれる騎兵軍団(十七世紀初頭にアレクサンデル・リソフスキによって組織されたため、この名がある)をハプスブルク領内に派遣し、反ハプスブルク勢力の鎮圧を援助した。リソフスキ軍団が撃破したトランシルヴァニア公はトルコの封臣であったため、オスマン帝国の皇帝オスマン二世は和平を破棄し、ポーランドに進軍した。一六二〇年、ポーランド軍はツェツォラ(ツツォラ)で大敗し、翌年、ホティンで勝利して講和を結んだものの、タタール、コサックをめぐる問題は解決されなかった。

東方への攻勢が続くあいだ、バルト海沿岸では「共和国」の地位はむしろ後退した。原因のひとつはスウェーデンの進出であった。一五九二年、スウェーデン国王ヨハン三世の死後ジグムント三世はスウェーデン王位を継承したが、ルター派のスウェーデンではカトリックの国王にたいする反発は強かった。一五九八年、国王は反対派をおさえるため軍を送ったが敗北し、翌年、スウェーデン議会は国王の廃位を決議した。一六〇〇年、スウェーデン王位をめぐる争いはリヴォニアを舞台にした両国の戦争に発展した。一六〇五年、「共和国」軍はリガ近郊のキルホルムでスウェーデン軍を破ったが、対立は解消されなかった。その後、ポーランドが東南方で苦戦しているあいだにグスタフ・アドルフの率いるスウェーデン軍はリヴォニアを占領し(一六一七〜二二年)、二六年にはヴィスワ川下流域に侵攻した。ポーランドはオリヴァ沖の海戦(一六二七年)に勝利したが、二九年にグシノで破れ、アルトマルクで屈辱的な講和を結んだ。スウェーデンは西ドヴィナ川以北のリヴォニアの主要部分を確保し、グダンスクからの関税徴収権を獲得した。

この間、ポーランドとプロイセン公国の関係にも重要な変化が生じていた。一六〇五年、ジグムント三世は、精神を病んだプロイセン公アルブレヒト・フリードリヒの後見人の地位をブランデンブルク選帝侯に委ねた。一六一八年、アルブレヒト・フリードリヒが継嗣なく死去すると、ブランデンブルク選帝侯ヨハン・ジギスムントがプロイセン公位を継承し、西ポモジェ(ポンメルン)と王領プロイセンをあいだに挟んでホーエンツォレルン家によるブランデンブルク・プロイセン同君連合が成立した。このことはのちに重大な意味をもつことになった。

ジグムント三世治世期の東方進出により国土の面積は約九九万平方キロに達した。しかし同時に国内の正教徒や周辺諸国との摩擦も増大した。また、国王やシュラフタの関心が東に向いているあいだにバルト海沿岸で生じた変化は、「共和国」の将来に不安な影を投げかけるものとなった。

## 「大洪水」

一六三二年、ジグムント三世は世を去り、国王選挙ではさしたる混乱もなく長男のヴワディスワフが選出された(ヴワディスワフ四世ヴァーザ、在位一六三二〜四八)。この年、ロシア軍がスモレンスクを包囲したが、国王はこれを撃退し、一六三四年、ポラノヴォの講和によりデウリノ条約で獲得した東方領土の大半が確保された。また、ヴワディスワフ四世はスウェーデンに圧力をかけ、シュトゥムスカ・ヴィエシ条約(一六三五年)により王領プロイセンの支配を回復したが、アルトマルク条約で割譲したリヴォニア北部はスウェーデンの手に残された。一六四一年にはブランデンブルク選帝侯フリードリヒ・ヴィルヘルムがプロイセン公位継承のためにワルシャワでヴワディスワフ四世に忠誠を誓った。これがプロイセン公がポーランド国王におこなった最後の臣従誓約となった。

晩年のヴワディスワフ四世は、対トルコ戦争の計画に熱中した。オスマン帝国と戦うことでタタール勢力を粉砕し、またコサックを動員することでウクライナでくすぶり続ける不満を解消しようという目算であった。しかし、シュラフタは王権が強化されることを懸念してオスマン帝国との戦争に同意せず、ヴワディスワフ四世の計画は潰えた。国王の指示で戦争準備を進めていたウクライナ・コサックの不満は爆発した。

ウクライナでは、賦役農場制の拡大により領主の農民支配が強化され、またカトリック勢力により合同教会が押しつけられたために、正教徒農民のあいだでポーランドの支配にたいする反感が強まっていた。一方、コサックも、ポーランド側が自分たちの軍事力を利用しながら貴族なみの待遇を認めず、略奪行為を規制することに不満をいだいた。両者の不満は重なり合い、ウクライナでは十六世紀末からコサックと農民の反乱があいついだ(一五九五~九六、一六二五、三〇、三七、三八年)。ヴワディスワフ四世治世後期の一〇年間は比較的平穏であったが、これは嵐の前の静けさであった。

一六四八年春、ボフダン・フミェルニツキ(フメリニツキー)率いるコサックは、クリミア・タタール

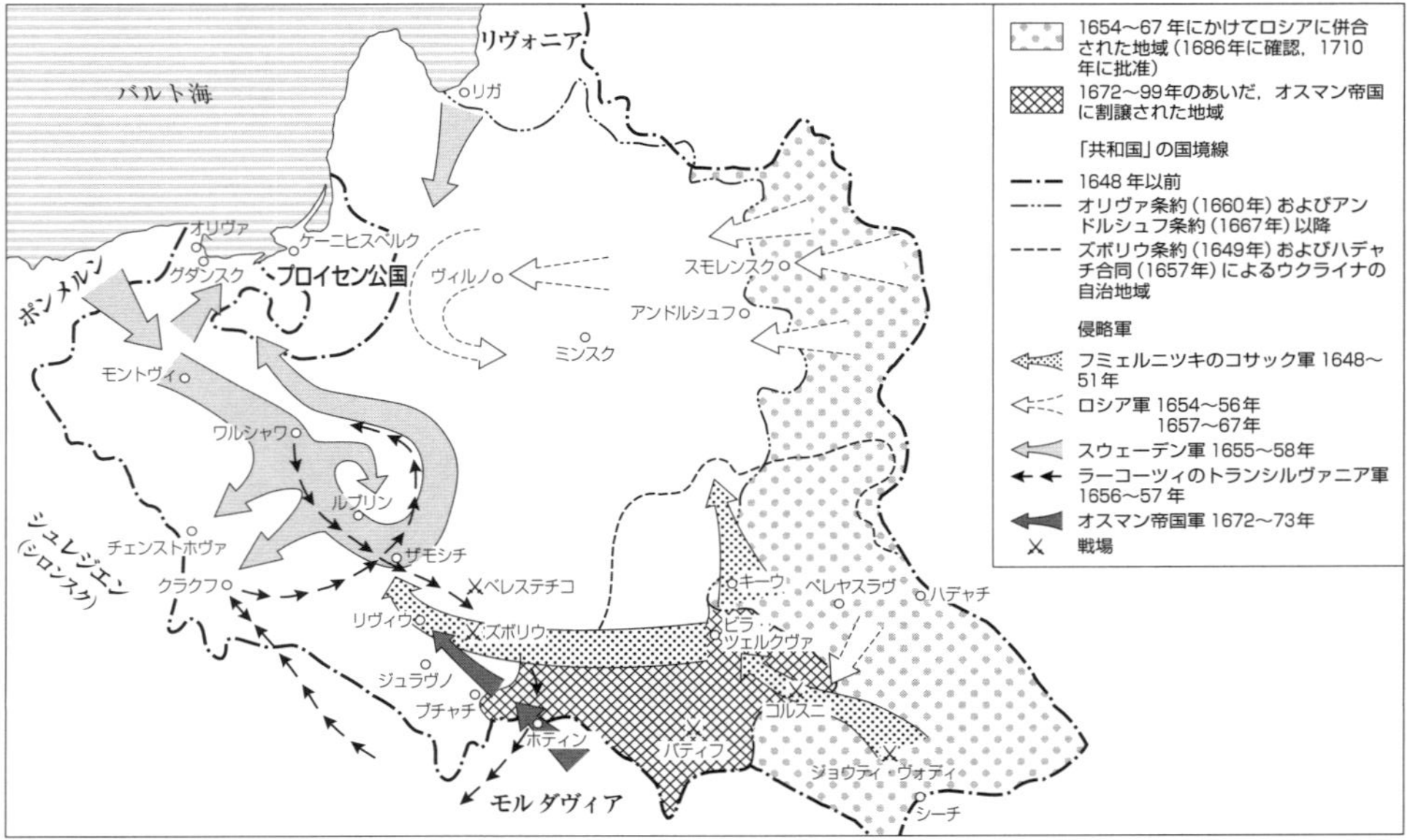
バルト海
リヴォニア
リガ
オリヴァ
ケーニヒスベルク
グダンスク
プロイセン公国
ポンメルン
ヴィルノ
スモレンスク
アンドルシュフ
ミンスク
モントヴィ
ワルシャワ
ルブリン
シュレジエン
(シロンスク)
チェンストホヴァ
クラクフ
ザモシチ
ベレステチコ
リヴィウ
ズボリウ
キーウ
ペレヤスラヴ
ハデャチ
ビラ・ツェルクヴァ
ジュラヴノ
ブチャチ
ホティン
コルスニ
バティフ
ジョウティ・ヴォディ
シーチ
モルダヴィア
1654〜67年にかけてロシアに併合された地域(1686年に確認，1710年に批准)
1672〜99年のあいだ，オスマン帝国に割譲された地域
「共和国」の国境線
1648年以前
オリヴァ条約(1660年)およびアンドルシュフ条約(1667年)以降
ズボリウ条約(1649年)およびハデャチ合同(1657年)によるウクライナの自治地域
侵略軍
フミェルニツキのコサック軍 1648〜51年
ロシア軍 1654〜56年
1657〜67年
スウェーデン軍 1655〜58年
ラーコーツィのトランシルヴァニア軍 1656〜57年
オスマン帝国軍 1672〜73年
戦場
17世紀半ばの戦乱

ルと結んで大規模な蜂起を起こした。コサック軍は北上してジョウティ・ヴォディ、コルスニでポーランド軍を撃破し、蜂起は農民層も含めてウクライナ全域に広がった。おりしもジョウティ・ヴォディの敗戦の数日後、ヴワディスワフ四世は世を去り(一六四八年五月)、空位期をむかえた「共和国」は前国王の異母弟ヤン・カジミェシュ・ヴァーザを国王に選出した(同年十一月)。困難な状況のなかで即位したヤン二世カジミェシュ(在位一六四八〜六八)は四九年、ズボリウでフミェルニツキと和約を結んだが一時的な意味しかもたなかった。五一年、ポーランド軍はベレステチコでコサック、タタール軍に勝利し、ビラ・ツェルクヴァで講和を結んだが、翌五二年、バティフの戦いによりふたたび和平は破られた。その間に農民の反乱はマウォポルスカ南部にも拡大した(一六五一年、コストカ゠ナピェルスキの蜂起)。ウクライナのポーランドからの解放をめざすフミェルニツキは一六五四年一月、ペレヤスラヴ(ペレヤスラフ)でロシアと条約を結び、コサックの自治を維持しつつツァーリの宗主権を認めた。一方、ロシアの勢力増大を恐れるタタールは、ポーランドとの同盟に転じた。一六五四年夏に「共和国」領内に侵入したロシア軍は、翌年にはヴィルノに達し、コサック軍もヴィスワ川に迫った。

南と東からの攻撃に脅かされていた一六五五年夏、さらに致命的な打撃が北から加えられた。「共和国」の苦況を好機とみて、カール十世グスタフの率いるスウェーデン軍はヴィエルコポルスカ、リトアニアの二方向から侵攻した。クシシュトフ・オパリンスキ、ヤヌシュ・ラジヴィウら有力マグナートがあいついでスウェーデン側と結んだために、国土の大半はたちまち敵軍の手に落ちた。ワルシャワ、クラクフも陥落し、ヤン・カジミェシュは国外のシロンスク(シュレジエン)に避難した。

しかし、占領下で重い負担と略奪に苦しめられた民衆はスウェーデンに抵抗した。当初、それは下からのパルチザン的な戦いだったが、一六五五年十一月、亡命先から国王が抵抗を呼びかけると、シュラフタも連盟を結成してこれに応えた。チェンストホヴァのヤスナ・グラ修道院がスウェーデン軍の攻撃にたえぬいたことも、ポーランド人の戦意を高めた。五六年一月、ヤン・カジミェシュはポーランドに帰還し、反撃を開始した。単独では抗しきれないと考えたカール十世は、フミェルニツキ、ブランデンブルク選帝侯フリードリヒ・ヴィルヘルム、トランシルヴァニア公ラーコーツィ・ジェルジュ二世を誘ってポーランド分割を提案した。これにたいして「共和国」は、ロシアと休戦し、デンマークと同盟を結び、さらにプロイセン公国にたいする宗主権を放棄する代償を払ってブランデンブルク選帝侯をスウェーデン陣営から切り離した(一六五七年、ヴェラヴァ・ビドゴシチ条約)。その後、主たる戦場はデンマークに移り、一六六〇年、オリヴァ条約の締結によってようやくスウェーデンはリヴォニア北部を除く占領地から撤退した。

一方、ウクライナでは一六五七年にフミェルニツキが没したのち、親ポーランド的なヤン・ヴィホフスキ(ヴィホフスキー)がコサック頭領(ヘトマン)に就任し、「ハデャチ合同」(一六五八年)に同意した。これは、コサック長老にシュラフタ位を認め、ルーシ(ウクライナ)をポーランド、リトアニアとならぶ「共和国」の対等な構成部分とするものであった。しかしウクライナ人のポーランドへの不信感は強く、一六五九年にはふたたびロシアと結び、ポーランド・ロシア間の戦争が再燃した。一六六七年、ようやくアンドルシュフ（アンドルソヴォ、アンドルソフ）で講和が結ばれたが、スモレンスクなど東方の領土の一部とウクライナのドニエプル（ドニプロ）川左岸、キーウはロシア領となった。

十七世紀中葉のウクライナの反乱と、それに続くスウェーデン軍の侵入（シェンキェヴィチの小説の題名から「大洪水」と呼ばれる）は、国土の中心部に戦火がおよんだ点でそれまでの多くの戦争とは異なっていた。「共和国」は辛うじてこの危機を生き延びたが、人口の三割以上が失われ、国土の荒廃と国際的地位の低下という負の遺産があとに残った。

## 貴族共和制の変質

すでに述べたように、十六世紀の穀物輸出の好況と賦役農場制の展開によってシュラフタ領主層は全体として潤った。しかし、十六世紀末から十七世紀にかけてヨーロッパ全体で農産物価格が下落し、穀物輸出が停滞し始めると、中小の農場経営は危機に直面した。逆に大領主はさらに土地を集積し、「共和国」東部を中心に巨大な所領を形成した。大領主は下層貴族やユダヤ人に農場を管理させ、生産コストを下げるために農民の賦役と移動の制限をさらに強化した。「大洪水」の戦禍は経済的な階層分化を一層加速した。中小領主は打撃から立ち直れず、農民は貧窮化し、都市も衰退した。グダンスクからの穀物輸出量は減少し(十七世紀後半、年平均八万トン)、収穫率も低下した。貿易収支はマイナスに転じ、あいつぐ戦乱と鋳貨濫造によって貨幣価値が下落して経済は混乱した。大領主は貨幣収入の減少を補うために酒の生産を独占し、所領内の居酒屋で専売して農民の余剰所得を残さず吸収した(プロピナツィアの権利)。こうした居酒屋や醸造所はしばしばユダヤ人に貸し付けられた。ユダヤ人は経済的に商人・領主と農民とのあいだを仲介する立場で活動したため、しばしば困窮した農民の攻撃の矢面にたたされた。十七世紀半ばのウクライナの農民蜂起においては、大規模なユダヤ人の虐殺が起こっている。

このような経済的変化にともなって、シュラフタ身分内部の階層差も拡大した。巨大な所領を支配し、国王に匹敵する私兵をかかえるマグナート層が台頭する一方で、隷属する農民をもたずに自らの手で小地片を耕し、あるいはその土地さえもたないような貧困シュラフタが増大した。下層貴族は徐々に少数のマグナートの支配下に組み込まれ、大貴族の郎党化した。

ただしシュラフタには独特の「自由」と「平等」の観念が根づいており、身分内の上下関係は制度化されたものにはならなかった。シュラフタはたがいに「兄弟」と呼び合い、爵位によって貴族内に格差を設けることには頑強に抵抗した。たとえば一六三八年、王党派エリート集団をつくる目的で「聖母の無原罪の御やどり勲章」を創設しようとしたヴワディスワフ四世の試みは、議会により拒否された。他方で貴族身分自体は閉鎖化し、下位身分からの上昇は制限された。一五七八年以降は貴族位授与には議会の同意が必要とされ、一六六九年には新貴族は三世代をへないと完全な特権を享受しないと規定された。シュラフタの特権は、議会や国王選挙への参加権、王権の不正にたいする服従拒否権、高位官職保有権、不逮捕特権（現行犯および有罪判決確定後を除く）、刑罰上の優遇、免税特権など広範囲におよび、これらの特権＝「自由」の強化・維持が国政の大前提となった。マグナート層は、身分内「平等」の建て前を踏まえ、一方で王権からシュラフタの「自由」を守る姿勢をとることでシュラフタ一般の支持を集め、他方で庇護と威嚇を使い分けながら下層貴族とのあいだに情実による非公式の権力関係（クリエンテラ）をつくりあげていった。

　こうしたシュラフタ身分内部の構造の変化は、議会政治にも反映した。十七世紀にはいると政治的意志決定の場はしだいに中央から地方に移り、司法・財政面で地方議会の自治機能が強化される一方、全国議会の意義は低下した。マグナートは配下のシュラフタを操って地方議会を牛耳り、全国議会でも私的な利害から議事進行を妨げた。その象徴的なあらわれが、自由拒否権《リベルム・ヴェト》の行使である。一六五二年三月、リトアニアの大貴族ヤヌシュ・ラジヴィウ庇護下の代議員ヴワディスワフ・シチンスキは、議会の会期延長の提案にたいし「私は認めない」といって議場を去った。議会はそのまま散会し、これが前例となって、一議員の拒否で議会が流会となる慣行が生まれた。それ以前にも議会では全会一致が原則であったが、シュラフタは交渉と妥協を重ねて合意の形成に努力するだけの政治的叡知を保っていた。しかし十七世紀後半以降、自由拒否権こそが「シュラフタの自由の要」とみなされ、大貴族の派閥によって濫用されて議会政治の麻痺を引き起こした。「シュラフタ民主政」を支えていたシュラフタ中間層が力を失った結果、貴族共和制は、少数の大貴族が国政を左右する「マグナート寡頭政」へと変質したのである。

しかし、国際的地位の低下と内政の混乱にもかかわらず、シュラフタは「共和国」の国制を理想視し、その変更は自らの「黄金の自由」を損なうものとして拒絶した。彼らのこうした矜持《きょうじ》をイデオロギー的に支えたのが、シュラフタを勇猛な古代の騎馬民族サルマティア人の後裔《こうえい》とみなす「サルマティズム」であった。この出自神話は、貴族の同一起源を説くことでポーランド、リトアニア、ルーシのシュラフタの一体感を強めると同時に、リトアニアやルーシのシュラフタの「ポーランド化」をうながした。サルマティズムはまた、下位身分をサルマティア人に征服された住民の子孫とみなすことによって貴族身分の優位を正当化し、つぎに述べるカトリック護教論とも結びついて一種の選民思想を生み出した。

### バロックと反宗教改革

いまだルネサンスの余韻の残る十六世紀末、文化面で新しい動きがあらわれた。詩人ミコワイ・センプ＝シャジンスキは孤独と死の影に彩られた作品を残し、造形芸術の分野でもルネサンス的調和よりも技巧的なデフォルメを重視する傾向が強まった（たとえばグダンスクの建築）。しかしこのマニエリスムの時代は短く、十七世紀にはいると劇的効果を重んじながらも、より安定感のあるバロック様式がポーランドでも支配的となる。ジグムント三世はワルシャワの王宮を改築し(一五九八〜一六一九年)、ヴワディスワフ四世は宮廷でオペラやバレエを上演した。文学の領域ではヤン・アンジェイ・モルシュティン、ヴァツワフ・ポトツキらバロック詩人が活躍し、ヤン・フリゾストム・パセクの回想録をはじめ数多くの日記類が書かれた。しかし、出版業の中心である都市が衰退し、教会の検閲が強まったこともあって、これらの著作の多くは印刷されなかった。そのため十七世紀は「手書きの時代」とも呼ばれる。

世俗権力以上にバロック様式を巧みに取り入れ、またその発展に寄与したのはカトリック教会である。トレント公会議(一五四五〜一六一九年)により体制を建て直したカトリック陣営は、ポーランドでも一五六〇年代から巻き返しを開始した。一五六四年には枢機卿スタニスワフ・ホジウシュによりイエズス会が導入された。ジグムント三世の時代にはピョートル・スカルガらイエズス会士が活躍し、反プロテスタント暴動が頻発した。しかし、ワルシャワ連盟協約により寛容が法的に保障されていたため、王権によって上から改宗を強制することはできず、カトリック教会は説教、宗教劇などさまざまな手段を駆使して信徒の説得につとめた。また、「目から魂へ」というイエズス会の標語が示すように、教会建築や宗教画にバロック様式が積極的に採用され、活字文化を重視するプロテスタントとは対照的に感覚に訴えるプロパガンダがおこなわれた。イエズス会は教育にも力をいれ、各地にコレギウムを建てた（十七世紀半ばで約四〇校）。このうちヴィルノのコレギウムは一五七九年に大学に昇格し、東方へのカトリック布教の拠点となった。十六世紀末の合同教会の成立も、カトリックの東方への攻勢の一環と考えることができる。

こうした戦略は効果をあげ、十六世紀末からプロテスタント貴族のカトリックへの改宗が進んだ。また十七世紀にはスウェーデン（ルター派）、ロシア（正教会）、オスマン帝国（イスラム）など非カトリック勢力との戦争が続いたため、ポーランド人意識とカトリシズムとが一体化する傾向が強まった。ポーランドの守護者として聖母マリアが崇拝され、「共和国」は「キリスト教の防壁」とみなされた。シュラフタのあいだではカトリック＝ポーランド的なもの以外は認めない不寛容な風潮も強まった。「大洪水」末期の一六五八年、議会において反三位一体派の国外追放が決議されたことは、ワルシャワ連盟協約の実質的停止を意味すると同時に、カトリシズムの民族化を象徴する出来事であった。

## 3 列強の狭間で

### 「ピャストの王」のもとで

戦乱に明け暮れたヤン二世カジミェシュの治世は、内政面でも混迷を深めた。国王は即位後、亡兄ヴワディスワフ四世がフランスからむかえた王妃ルドヴィカ・マリア・ゴンザガと結婚した。王妃は親フランス派貴族の派閥をつくり、現国王の生前に次期王位をコンデ親王ルイ二世の子息に確保しようと画策した。しかし、イエジィ・ルボミルスキを中心とする大貴族がこれに抵抗した。国王は、議会への多数決制の導入、シュラフタへの課税など一連の改革を提案したが、ことごとく反対派マグナートによって潰された。一六六四年、国王側はルボミルスキを反逆罪で裁判にかけ、名誉剝奪のうえ追放を宣告した。ルボミルスキはシロンスクに逃れ、翌年、帰国してロコシュを組織した。ルボミルスキには改革的な意図はなく、ロコシュは不毛な内戦と化した。一六六六年、国王軍はモントヴィで惨敗し、その後和解が成立したが、翌六七年にルボミルスキは死去した。王妃ルドヴィカ・マリアも続いて世を去り、政治的にゆきづまったヤン・カジミェシュは一六六八年、王位から退いた。

八〇年間におよぶヴァーザ家三代の治世が幕を閉じたのち、「ピャストの王」(ポーランド人の王)が二代続いた(ミハウ・コリブト・ヴィシニョヴィエツキ、在位一六六九〜七三。ヤン三世ソビェスキ、在位一六七四〜九六)。この二人は人間的にも政策的にも対照的であった。ミハウ・コリブトが国王に選出されたのは、対コサック戦で剛腕をふるった亡父イェレミの名声におうところが大きかった。国王は皇帝レオポルト一世の妹エレオノーラと結婚して親ハプスブルク政策をとったが、政治的にも軍事的にも無能であった。アンドルシュフ条約後のポーランド領ウクライナでは、ピョートル(ペトロ)・ドロシェンコの率いるコサックがタタールと結び、スルタンに庇護を求めた。一六七二年、オスマン帝国のメフメト二世は大軍を率いてポーランドに侵入し、リヴィウに迫った。国王は屈伏してブチャチで講和を結び、ポリジャなど東南部の領土をオスマン帝国に割譲したうえ、貢納金の支払いにも同意した。この譲歩に議会は憤激し、高額の軍事課税を決議した。翌七三年、ヤン・ソビェスキの指揮するポーランド軍はホティンでオスマン帝国軍に圧勝した。時を同じくしてミハウ・コリブトは死去し、翌七四年の選挙でホティンの英雄ソビェスキが国王に選出された。

ヤン三世ソビェスキは有能な軍事指導者であっただけでなく、文化的素養を身につけた学芸の保護者でもあった。ルドヴィカ・マリアがフランスから連れてきた侍女マリア・カジミェラと結婚していたソビェスキは当初、フランスの支持を背景にバルト海地域での勢力回復をはかった。国王はオスマン帝国と休戦し(一六七六年)、フランス(七五年)、スウェーデン(七七年)と結んでプロイセン公国の奪回を企てた。しかしスウェーデンはブランデンブルクに破れ、国内でも親ハプスブルク派が抵抗したため、計画は挫折した。その後、国王は、ハプスブルク家と結んでオスマン帝国と対抗する政策に転じた。一六八三年三月、オスマン帝国はハンガリーの反ハプスブルク勢力と結び、ウィーンに向けて進軍を開始した。四月、ソビェスキはオーストリアと軍事条約を結び、九月、最高司令官としてオーストリア、ドイツ諸侯、ポーランドの連合軍を指揮し、ウィーンを包囲したオスマン帝国軍を撃退した。ウィーン解放はヨーロッパ中でソビェスキの名声を高めたが、翌八四年にオスマン帝国に対抗する「神聖同盟」に加わったことは結果的にマイナスであった。成果のあがらぬ長期間の対トルコ戦に国力を消耗し、あいつぐ議会の流会によって内政が停滞するあいだに、ロシア、オーストリア、ブランデンブルク、スウェーデンは「共和国」の無秩序状態を維持する目的で相互に協定を結んだ。一六九六年、ヤン三世は世を去り、「ピャストの王」の治世は、はなばなしい軍事的勝利に彩られながらも、「共和国」の対外的主体性を回復できずに終わった。

## ザクセン朝時代

一六九七年の国王選挙は、列強の介入によって混乱した。シュラフタの多くはルイ十四世の推すコンティ親王を選出したが、フランスの勢力拡大を恐れるオーストリア、ロシア、ブランデンブルクは対抗馬としてザクセン選帝侯フリードリヒ・アウグスト一世を支持し、二重選挙となった。ザクセン側はコンティに先回りして軍を率いてポーランドにはいり、クラクフで戴冠式をあげた(アウグスト二世、在位一六九七〜一七三三)。アウグスト二世の即位は一六九九年の和平議会で正式に承認され、六〇余年にわたるヴェッティン家によるザクセン・ポーランド同君連合の時代が始まった。

アウグスト二世は、カルロヴィッツ条約(一六九九年)でポリジャなど東南方の領土をオスマン帝国から回復する一方、北方ではスウェーデンに対抗してザクセン、デンマーク、ロシア間の同盟を結んだ。ザクセンは将来のポーランド王位の継承を確実にするためにリヴォニアの獲得をねらったが、スウェーデン国王カール十二世は一七〇〇年、デンマーク、ロシアを破り、翌年にはリヴォニアに駐留

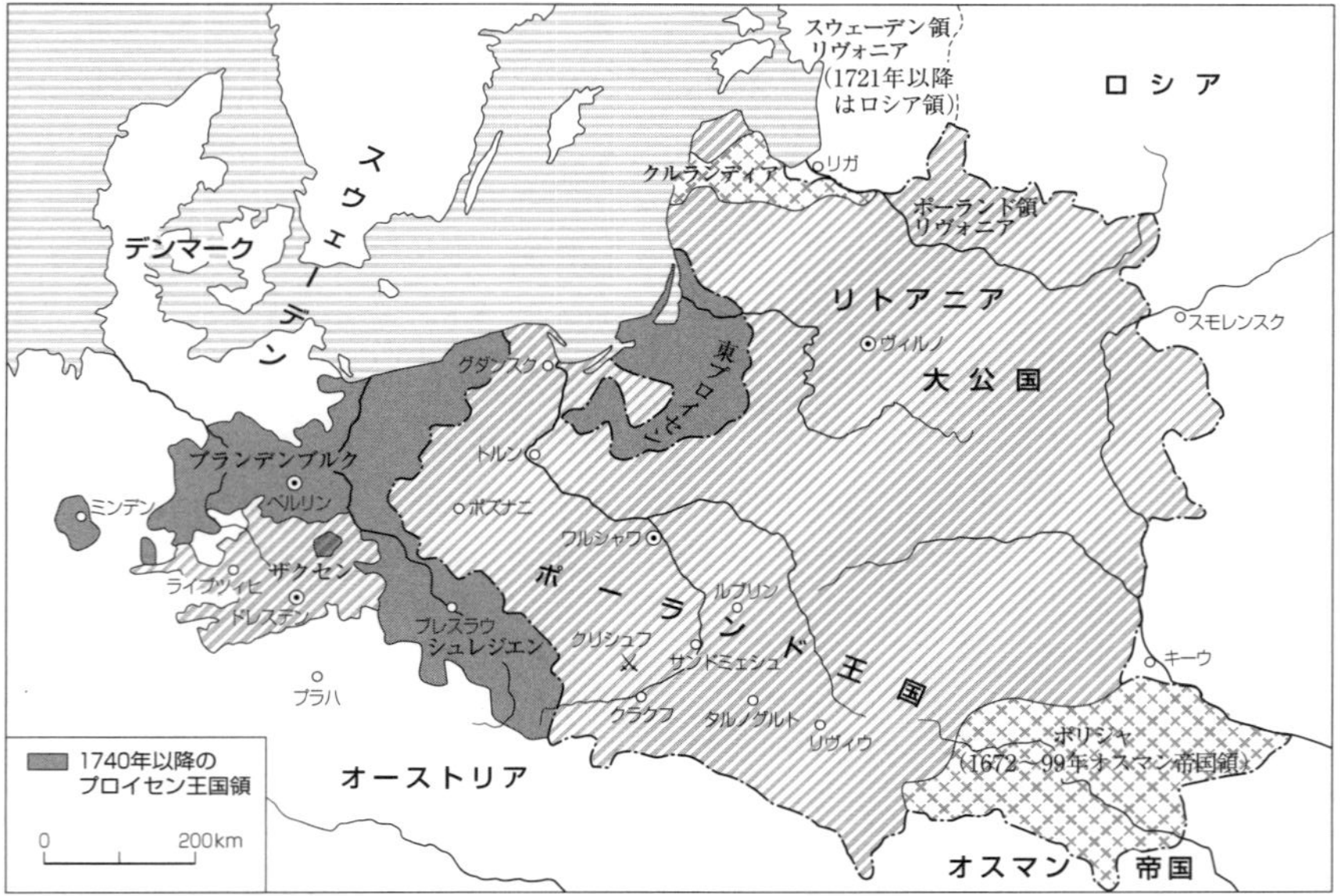

ザクセン朝時代の「共和国」

するザクセン軍を撃破して「共和国」に侵入した。一七〇二年にはクリシュフでザクセン・ポーランド連合軍が敗れ、前後にワルシャワ、クラクフも陥落した。一七〇四年、スウェーデンの圧力のもとにワルシャワで反アウグスト二世派の連盟が結成され、ポズナニ県知事スタニスワフ・レシチンスキを国王に選出した(在位一七〇四〜〇九)。対抗してアウグスト二世側もサンドミェシュで連盟をくみ、ロシアと同盟を結んだ。こうして「北方戦争」における列強の対立は「共和国」の内戦と重なり合った。一七〇六年、カール十二世はザクセンに攻め込み、アウグスト二世はポーランド王位の放棄をよぎなくされた。しかし一七〇九年にポルタヴァでスウェーデンが破れるとレシチンスキは国外に逃れ、アウグスト二世は王位に復帰した。

復位後の国王は、王権強化のためにザクセン軍をポーランドに駐留させた。これに反発したシュラフタはタルノグルトで連盟をくみ、アウグスト二世の退位を要求した(一七一五年)。ロシアが両者の仲介にはいり、一七一六年、ワルシャワで条約が結ばれ、翌一七年の議会(発言が許されなかったので「無言議会」と呼ばれる)で承認された。この取り決めにより、ザクセン軍はポーランドから撤退する一方、恒常的な租税を導入して二万四〇〇〇の常備軍を維持することになった(ただし実際の兵力は一万数千程度)。しかし、軍事費の規模はその後半世紀間変わらず、「共和国」の軍事力は周辺諸国と比べて著しく弱体なままにとどまった。

列強の干渉はその後も続いた。ロシアは「無言議会」体制の保証人を自称し、影響力を強めた。一七二四年、トルンで宗教暴動が起こり、プロテスタント市民が首謀者として処刑された。この事件はポーランドのカトリック教徒の狂信性を示す出来事としてヨーロッパ中に喧伝され、プロイセンとロシアに新教徒や正教徒を保護する名目で「共和国」に介入する口実を与えた。フランスもルイ十五世とレシチンスキの娘マリアの結婚(一七二五年)を機に、レシチンスキの王位継承を画策し始めた。他方、ロシア、オーストリア、プロイセンは一七三二年、ポルトガル王子ドン・エマニュエルを王位に就ける密約(三黒鷲条約)を結んだ。翌三三年、アウグスト二世は死去し、シュラフタの多くはレシチンスキを次期国王に選出した(在位一七三三〜三六)。これにたいしてザクセンは外交上の譲歩を重ねてロシアとオーストリアの支持をとりつけ、アウグスト二世の息子の選出を強行した(アウグスト三世、在位一七三三〜六三)。二重選挙にともなう内戦は、フランス対オーストリア、ロシア間の国際戦争に発展した(ポーランド継承戦争、一七三三〜三五年)。レシチンスキはグダンスクに逃れたが、ザクセン軍とロシア軍に包囲されたグダンスクは一七三四年に降伏した。翌三五年のウィーン条約でレシチンスキはポーランド王位を放棄し、ロレーヌ公位に就いた。ようやく一七三六年の和平議会でアウグスト三世は正式に承認された。

アウグスト二世の治世後半から、国内にはチャルトリスキ家を中心とする「御一門《ファミリア》」と、ポトツキ家を中心とする勢力の二大派閥が形成されていた。アウグスト三世は当初、チャルトリスキ派と結んで国制の改革を進めようとした。とくにオーストリア継承戦争(一七四〇〜四八年)のあいだは、オーストリアとロシアがプロイセンに対抗するためにポーランドの軍事力の強化を認めるチャンスであったが、プロイセンと結んだポトツキ派に阻止された。その後、「御一門」は国王から離れ、むしろポトツキ派が王権に接近した。七年戦争(一七五六〜六三年)ではザクセンはプロイセンに占領され、疲弊した。プロイセンはザクセン占領中、ポーランド向けに大量に悪貨を鋳造し、ポーランド経済は混乱した。一方、「共和国」の封土であるクルランディア公国では一七三七年にケトラー家が断絶し、公位はロシア女帝アンナ・イヴァーノヴナの寵臣ビロンの手に移った。アウグスト三世は一七五八年にビロンにかえて息子カロルにクルランディア公位を与え、次期ポーランド王位の継承を確保しようとした。しかし、一七六三年、ロシアのエカチェリーナ二世はクルランディアからカロルを締め出してビロンを公位に復帰させた。「御一門」はロシアの支持を背景に反ザクセンの姿勢を強め、ヴェッティン家の王位継承策は挫折した。

ザクセン朝時代には、マグナートの派閥対立が列強の内政干渉と結びついたため、国政は麻痺し、国家の対外的な主体性が失われた。自由拒否権の濫用のため、アウグスト三世の治世下で開かれた一四回の議会のうち決議にいたったのは一回のみであった。「共和国」は外国軍の通り路となり、戦乱と略奪によって国土は荒廃し、精神的にも退嬰《たいえい》的で不寛容な風潮が強まった。しかし、この時期をまったくの暗黒時代とみるのは適切ではない。一七四〇年代以降のヴィエルコポルスカの毛織物業の発展や、リトアニアのマグナートによるマニュファクチュア経営は、経済面でのあらたな胎動の徴候であった。政治思想の領域でも、一七三〇〜五〇年代にはスタニスワフ・ポニャトフスキ（のちの国王スタニスワフ・アウグストの父）、スタニスワフ・レシチンスキ、ステファン・ガルチンスキなど、啓蒙思想の影響を受けて国制改革の必要を説く論者があらわれる。とくにスタニスワフ・コナルスキは一七四〇年に貴族学院を創設して教育改革に着手し、『効果的な議事の方法について』（一七六〇〜六三年刊）を著して自由拒否権の濫用を批判した。ザクセン朝期のこれらの啓蒙の先駆者たちの努力は、やがて十八世紀後半の改革の時代に実を結ぶことになる。

# 第四章　分割と蜂起の時代

## 1　改革から没落へ

### スタニスワフ・アウグストの即位と第一次分割

　七年戦争末期の国際関係をみると、ロシアとプロイセンによる北方同盟とハプスブルク帝国、フランス、スペイン等による南方同盟とが対峙していた。ロシアは、一七六二年七月九日、エカチェリーナ二世がクーデタによってツァーリに即位したあと、衰退化にあるオスマン帝国にたいして南進の構えをみせ、ポーランドにたいしては独自の利害から影響力を行使しようとした。こうしたなかでアウグスト三世(在位一七三三〜六三)が死去し、王位継承をめぐってロシアは正教徒の保護、逃亡農民問題や国境問題の解決を口実にポーランドの内政に干渉してきた。プロイセンも、こうしたロシアの政策を支持した。翌年、ロシアをうしろだてとするアウグストとミハウ兄弟が主宰するチャルトリスキ一門がヴィルノ(ヴィルニュス)で連盟を結成し、ワルシャワの召集国会(議会)を支配下におくと、その私設軍隊とロシア軍に守られて五五八四人の選挙人により九月六日、当時三十二歳であったスタニスワフ・ポニャトフスキが国王に選出され、スタニスワフ・アウグストを名乗った(在位一七六四〜九五)。啓蒙主義者として無類の学問好きであった新国王は改革に意欲をもやし、貨幣制度の改革を手始めに全国の関税を一元化し、徹底した財政改革を断行した。軍制改革の一貫として「騎士の学校」と呼ばれる士官学校を設け、改革精神にあふれる人材の養成につとめた。

けれども、ロシア公使ニコライ・レプニンは改革のゆきすぎを懸念し、一七六七年六月、保守的なマグナートの代表カロル・ラジヴィウを議長とする親ロシア、反国王のラドム連盟を結成させ議会(国会)をロシアの監視下において、主な反ロシア派、保守民族派メンバーを逮捕・拘禁した。スタニスワフ・アウグストはロシアの圧力に屈したが、一七六八年二月二十九日、ウクライナの奥地バールでロシアの干渉に反対する武装連盟が結成され、全国規模の蜂起が起こった。バール連盟として知られるこの武装連盟は、国政構想をみるかぎり保守的なラドム連盟と共通していたが、果敢に分割列強に対決を挑んだことから後世近代ポーランドの民族解放運動の先駆として名を残した。バール連盟がローマ・カトリックの信仰と自由を旗印にロシア軍と交戦を始めると、時を同じくして西ウクライナ一帯で農民コサックが蜂起し、各地でポーランド・シュラフタの館が襲撃された。またユダヤ人が経営する旅籠《はたご》屋にたいする焼打ちがあいついだ。バール連盟がローマ・カトリック護持を旗印としたと

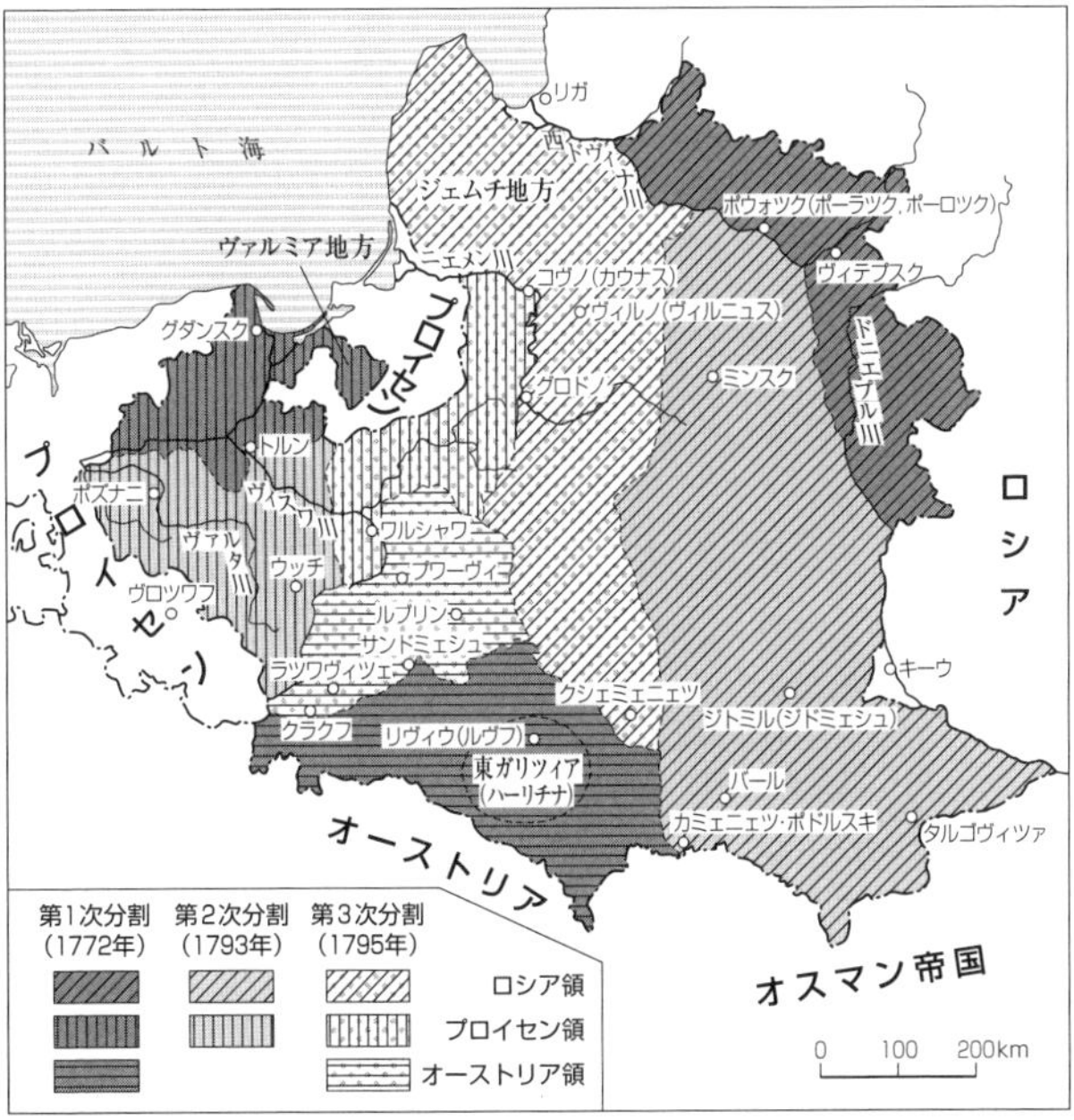

バルト海
リガ
西ドヴィナ川
ジェムチ地方
ヴァルミア地方
ニエメン川
コヴノ(カウナス)
ヴィルノ(ヴィルニュス)
ポウォツク(ポーラツク, ポーロツク)
ヴィテプスク
グダンスク
プロイセン
グロドノ
ミンスク
ドニエプル川
トルン
プロイセン
ポズナニ
ヴィスワ川
ヴァルタ川
ワルシャワ
ウッチ
プワーヴィ
ヴロツワフ
ルブリン
サンドミェシュ
ロシア
ラツワヴィツェ
キーウ
クシェミェニェツ
ジトミル(ジドミェシュ)
クラクフ
リヴィウ(ルヴフ)
東ガリツィア
(ハーリチナ)
バール
カミェニェツ・ポドルスキ
タルゴヴィツァ
オーストリア
第1次分割
(1772年)
第2次分割
(1793年)
第3次分割
(1795年)
ロシア領
プロイセン領
オーストリア領
オスマン帝国
0
100
200km


ポーランド分割

同様に、ウクライナの農民コサックたちも正教の護持を掲げたため、両者の対立は身分的対立をこえて民族対立の様相を呈していった。ウクライナを震撼させたこの農民反乱もポーランド国王軍の支援をえたロシア軍によって鎮圧される運命をたどった。幕末の日露交流史に名を残すマウリツィ・ベニョフスキ(当時の日本では「はんべんごろう」とも呼ばれた)もバール連盟戦争の参加者である。捕らえられてカムチャツカへ流刑となり、脱走してヨーロッパへ帰還する途中、彼がもたらした怪情報が幕府の鎖国政策を動揺させ、北辺の警備強化をうながした。

ルソーやマブリー等のフランス啓蒙思想に多大な影響を与えたミハウ・ヴィエルホルスキや、敗北後にアメリカに渡り、独立戦争に馳せ参じたカジミェシュ・プワスキの武名はバール連盟の遺産としてヨーロッパ中に鳴り響いた。連盟は、圧倒的なロシアの軍事力を前に敗退したが、連盟による混乱の収拾を口実として、第一次分割が強行された。一七七二年八月五日、プロイセン、オーストリア、ロシアの三国はペテルブルクで国境確定のための条約を結び、二一万一五〇〇平方キロの領土が三国に割譲された。プロイセンはもっとも経済的に富裕なヴィスワ河口地帯、バルト海沿岸部とヴァルミア地方等の三万六〇〇〇平方キロの土地と五八万人、オーストリアはクラクフ県とサンドミェシュ県の一部、および東ガリツィアの八万三〇〇〇平方キロと二六五万人を獲得した。ロシアは、領土的にはわずかに西ドヴィナ川の北東地方とドニエプル(ドニプロ)川上流域の九万二〇〇〇平方キロの土地と一三〇万人を獲得しただけであった。一七七三年四月には分割承認のための議会が開催された。代議員タデウシュ・レイタンらの抵抗もむなしく、九月に分割条約が批准された。

## 第一次分割後の諸改革

第一次分割後、ロシアの保護体制の中心として、国王を議長として一八人の元老院議員と、二年ごとに議会で選出される一八人の代議員とで構成される常設評議会が設置された。これは国政の最高執行機関として、外交、警察、軍事、財政、司法の五部門を担当した。これに先立ち、一七七三年十月十四日の議会決議により、国民教育委員会が国王直属の機関として設置された。国民教育委員会はイエズス会解散令をうけて、同会の財産を世俗化してこれを財政基盤としたものであった。「ヨーロッパ最初の文部省」と呼ばれたこの機関では、大学から教区学校に至る諸学校に対する監督、教科書選定、教員養成、啓蒙主義に基づく科目導入などが体系的に実施された。しかし、軍制面では一七八六年までに一万八五〇〇人の常備軍を擁するまでになったとはいえ、徴兵制は施行されず、軍事力の脆《ぜい》弱《じゃく》さはいなめなかった。

十八世紀後半の首都ワルシャワでは、マグナートの私有地（ユリディカ）における治外法権撤廃、市域の拡大などが進められた。また王宮や離宮ワジェンキでは定期的に木曜午餐会などの啓蒙文化活動が催された。

### 四年議会と五月三日憲法

一七八七年八月に勃発する露土戦争に際して国王スタニスワフ・アウグストはエカチェリーナ二世と共同歩調をとり、ロシアの支援を期待しつつ改革を継続しようとしたが、ロシアが拒否したことによって逆にポーランドとプロイセンの接近に弾みがかかった。国際環境の変化のなかで一七八八年十月六日、四年国会(四年議会)が開かれた。四年議会は開会直後、連盟形式の多数決で決議することになった。常備軍を十万人に増員すること、常設評議会の廃止を決議した。また多くの改革法案を可決して国制の整備が図られた。さらに『統治法(憲法)』の草案作成作業が国王、フーゴ・コウォンタイ、イグナツィ・ポトツキ、フィレンツェ出身のシピオーネ・ピアットーリを中心に進められた。そして一七九一年五月三日に王宮内元老院の間で憲法が採択された。

前文と一一条から成る憲法の骨子は以下のとおりである。(1)支配宗教はカトリックだが、他宗派への寛容が義務付けられた。(2)身分制度は基本的に保持されたが、零細貧困シュラフタから参政権が剝奪された(付属の『地方議会法』)。一方、都市民のうち高額納税者や国家への功労者にはシュラフタ身分が授与される(付属の『王領都市法』)。また、農民に対する国家保護、移民の流入に対する寛容な姿勢が規定された。(3)二院制議会の権限が増した。そして、リヴェルム・ヴェト(自由拒否権)の廃止と議会の常設性が明記された。(4)執行機関では新たに「法の番人」と呼ばれる、国王と五名の大臣で構成される事実上の政府が設けられ、その傘下に警察・財政・軍事・教育の四委員会が置かれた。また個々の大臣は議会の三分の二の賛成で罷免されることになった。(5)王権はザクセン家の世襲が定められ、十六世紀以来続いてきた選挙王政が否定された。ただし、国王は「専制者ではなく、国民の父であり統治者でなければならない」とされた。(6)ポーランド王国とリトアニア大公国との連邦制は原則として維持されたが、リトアニア大公国の権限がより拡大した。

この時期、多民族国家貴族共和国の総人口のうち約一〇%、約一〇〇万人に達していたユダヤ人について付言すると、そのほとんどが小売り商人、仲買商人、職人であり、三分の二は都市に居住し、実質上都市民を構成していた。王権の認知によりユダヤ人全国組織(ヴァード)は人頭税の徴税業務を任された。一七六四年、ヴァードが徴税業務を奪われて解体されると、ユダヤ人の自治の範囲は大幅に縮小された。十八世紀に始まったハシディズム運動や、反タルムード派が下層ユダヤ人のあいだに神秘主義傾向を広め、ユダヤ人社会の純化に一役かっていた。その一方で、ユダヤ人啓蒙主義運動(ハスカラー運動)が都市インテリゲンツィアの心をとらえ、カトリシズムへの改宗さえうながし、一部は土着化、すなわちポーランド化を加速させた。改革派シュラフタもユダヤ人と市民とのあいだの障壁の撤廃をめざし、これに呼応した一部のユダヤ人団体もまた同権化と国政への参与を求

ポーランド国王
スタニスワフ・アウグスト

め、失敗に終わったとはいえ、国会請願を繰り返した。

ともあれ、五月三日憲法は、十八世紀末の環大西洋地域をめぐる変革の時代に生まれたアメリカ憲法(一七八七年)、フランス九一年憲法(一七九一年)とならぶ、世界史的にみて今日にいたる民主主義の伝統の源流のひとつとなった。五月三日憲法は、十九世紀を通じて一九一八年の国家再生にいたるまで独立運動のシンボルであったが、社会主義体制下ではブルジョワ憲法として否定的な扱いを受けた。しかし、一九八九年の東欧革命後の「連帯」政権下で祝日として復活した。

## コシチューシュコの蜂起と国家の消滅

ロシアは、一七九二年、反対派の代表、セヴェリン・ジェヴスキやクサヴェリ・ブラニツキを支援してタルゴヴィツァ連盟を結成させ、五月三日憲法を反古《ほご》にしようとして、五月十八日、軍隊を侵攻させた。六月、国王スタニスワフ・アウグストはタルゴヴィツァ連盟に加入し、憲法の護持とひきかえにエカチェリーナ二世にたいして彼女の孫・コンスタンチンに王位をゆずるという妥協案を示したが、一カ月後の回答はスタニスワフ・アウグストの王位存続を認めるかわりにロシアによる保護体制への復帰を要求するものであった。革命フランスとの対抗上、また急速に進められた国制改革を力で抑え込もうとして一七九三年一月二十三日、ロシアとプロイセンは第二次分割を強行した。バイエルンに関心を示すオーストリアは分割には参加しなかった。同年六月にグロドノで開催された議会では、一部の代議員の無言の抵抗にもかかわらず分割条約が批准された。三〇万八〇〇〇平方キロが割譲され、プロイセンはヴィエルコポルスカ地方の一部など、ロシアはウクライナ、ベラルーシの主要部を獲得した。

第二次分割後、ザクセンに亡命中のコウォンタイらを中心に武装蜂起のプランが練られた。最高司令官には、ベラルーシ生まれのシュラフタで、士官学校で教育を受け、アメリカの独立戦争でも活躍したタデウシュ・コシチューシュコが選ばれた。コシチューシュコは、一七九四年三月二十四日、クラクフにおいて蜂起を呼びかけた。四月四日、ラツワヴィツェの戦闘において二〇〇〇人の大鎌で武装した農民兵がロシアの正規軍部隊を破り、五月七日、ポワニェツで農民に関する布告がだされた。この布告には、人格的自由と農民追放の禁止、賦役義務を三三%から五〇%に制限する内容が盛り込まれた。この布告は、武装した農民の蜂起参加をうながし、農民解放が政治意識の低い農民にポーランド市民としての自覚を植えつける要件であることをはじめて明示した。都市インテリゲンツィア、聖職者、法律家、将校団からなるジャコバン派と呼ばれる急進派が主要都市でクラブを形成し始め、ヴィルノではヤクプ・ヤシンスキが率いる急進派が蜂起した。ワルシャワでは五月十日に最高国民会議が設置された。この組織にはコウォンタイらジャコバン派が加わった。

コシチューシュコの蜂起は国際関係の面でみても孤立したものではなく、同じ時期のフランスのジャコバン政権と連帯する可能性もあった。革命フランスの軍事的支援が期待されたが、防衛戦に手一杯の革命フランスにその余力はなかった。十月十日のマチェヨヴィツェの戦闘で敗北し、負傷したコシチューシュコは捕らえられてペテルブルクに幽閉され、十一月四日、スヴォーロフ指揮下のロシア軍がワルシャワの対岸プラガ地区に侵攻して大規模な住民殺戮をおこなったあと、蜂起は衰退に向かった。国王スタニスワフ・アウグストはペテルブルクへ連れ去られ、翌一七九五年十月二十四日、第三次分割が実施され二一万五〇〇〇平方キロが割譲された。プロイセンはヴィエルコポルスカ地方全域とワルシャワを含むマゾフシェ地方の一部、オーストリアはマウォポルスカ地方全域とルーシの一部、ロシアはリトアニア、ウクライナの多くを併合した。名実ともに貴族共和国(ジェチポスポリタ)はヨーロッパの国際政治の表舞台から消滅した。

## 2 再生をめざして

### ナポレオンとともに

第三次分割後、エカチェリーナ二世のあとを継いだ新帝パーヴェル一世はコシチューシュコを含む多数のポーランド人捕虜を釈放したほか、シュラフタを下級の行政官や司法官に登用する機会を拡大し、ポーランド社会と融和をはかろうとした。三分割列強にたいする抵抗を諦めない知識人や軍人将校は、秘密工作の拠点を三分割列強領内のみならず、オスマン帝国領モルダヴィアのような周辺地域にも設け、蜂起敢行の機会をうかがった。コシチューシュコ蜂起に参加した後、フランスに亡命したシュラフタの多くは、総裁政府のもとで北部イタリアでオーストリア軍と闘う常勝ナポレオン・ボナパルトに期待をよせた。一七九七年一月、総裁政府によってミラノに派遣されたヤン・ヘンリク・ドンブロフスキは、ボナパルトと協議し、ボナパルトの指揮下にはいるポーランド軍団の編成が決定された。オーストリア軍中にはオーストリア領ガリツィアで徴募されたポーランド人兵士が多数おり、ボナパルトの軍隊が勝利を重ねるにつれて戦争捕虜は増大し、軍団は翌年までに一万人規模に膨れあがった。ドンブロフスキ将軍の指揮下で闘った軍団の歌が現ポーランド国歌「ポーランドはいまだ滅びず」となり、広く歌われるようになった。軍団はボナパルトに従って、敗走するオーストリア軍を追撃してハプスブルク帝国領内に深く侵攻した。

　ナポレオンが総裁政府を覆して執政政府の第一統領になると、軍団はナポレオン・ボナパルトの野心の犠牲となり、各地の民衆蜂起の鎮圧に利用されるという悲劇も生まれた。一八〇一年末から〇四年にかけて、軍団の主力約六〇〇〇人がフランスの植民地サン・ドマング（現ドミニカ）のトゥーサン・ルヴェルチュールを指導者とあおぐ黒人共和国を鎮圧する先兵として送り込まれ、風土病が猖獗《しょうけつ》をきわめる灼熱の島で多くの兵士が命を落とした。一八〇八年にはナポレオンの大陸封鎖からの離脱をはかったスペインの民衆を抑圧する道具となり、一二年のモスクワ遠征のときは、大陸軍中、フランス兵につぐ約一〇万人の将兵を動員し、おびただしい犠牲者をだした。

一八〇七年のティルジット条約によって成立したワルシャワ公国は、領土的にはプロイセン領ポーランドの一部を切り取ったもので、ヴァルタ川からニエメン(ニャームナス)川にいたるまでの、面積は一〇万四〇〇〇平方キロ、人口は二六〇万人たらずの小国であり、往時の貴族共和国のほんの一部にすぎなかった。しかし、それでもポーランド人自身の独自の軍隊をもち、行政語としてポーランド語が復活したことにより、ポーランド人にとっては国家再建のための第一段階となった。一八〇七年七月二十二日、憲法が公布された。この憲法で設けられた二院制議会や集権的行政機関については、五月三日憲法との共通性が顕著である。ただ議会はあくまで諮問機関にとどまっている。また、その第四条は、土地付き解放にまでは踏み込まなかったとはいえ、農民の人格的自由を保証した。一八〇九年春、公国に侵攻したオーストリア軍をユゼフ・ポニャトフスキ将軍(スタニスワフ・アウグストの甥)が撃退すると、公国はあらたに四つの県(クラクフ、ラドム、ルブリン、シェドルツェ)を獲得し、領土面積は一五万七〇〇〇平方キロ、人口は四三〇万人に拡大した。

だが、君主となったザクセン王フリードリヒ・アウグストはドレスデンを離れず、フランスの行政官が国政を監督し、公国軍もフランス駐留軍の事実上の統制下におかれるなど、傀儡《かいらい》国家であることに変わりはなかった。モスクワ遠征に際してワルシャワ公国は大陸軍の兵站《へいたん》基地となり、加重負担を強いられたばかりでなく、ナポレオンはリトアニアにたいしても最後までワルシャワ公国との合同は認めず、第一次分割時の国境の復活を夢みるコシチューシュコらポーランド人の期待を裏切った。冬将軍を前にナポレオンは、キーウに大陸軍を撤収して再起をはかろうとするポニャトフスキ将軍の提案を拒否し、大陸軍をみすててフランスへ戻った。しかしポニャトフスキ将軍は、退却する大陸軍とともに行動しライプチヒの諸国民戦争に参陣して陣没した。この英雄的なフィナーレは、ナポレオンの没落とともに潰えたポーランド国家再興の夢と重なり合うものとなった。国民詩人ミツキェヴィチはナポレオン戦争を素材とした叙事詩『パン・タデウシュ』を著し、新しい世代のための指針を示した。ナポレオンの庇護下にポーランド国家再興が図られるというナポレオン伝説は、こうした出来事や作品によって記憶されていった。

## アダム・チャルトリスキの親ロシア路線

すべてのポーランドの政治家がナポレオンとともに行動したわけではなかった。親ロシア派として一門を形成していたチャルトリスキ家の筆頭アダム・カジミェシュ・チャルトリスキの長男として生まれたアダム・イェジ・チャルトリスキ(以下チャルトリスキと表記)は、五月三日憲法の作成にも参画したシピオーネ・ピアットーリの薫陶を幼年期に受け、青年期にはイギリスに遊学し、立憲制度の精髄にふれていた。その後、ペテルブルクの宮廷に人質として差し出された。当時皇太子であった、のちのアレクサンドル一世の周囲に集まった「若き友人たち」の一人として、近代ロシアの自由主義的改革に参画することになった。

一八〇三年、チャルトリスキは帝政ロシアの外相として新帝アレクサンドル一世に「ロシアが採用すべき政治システムに関する覚書」を提出し、ロシアが東欧バルカン地域へ進出する要諦を示すとともに、ヨーロッパの国際関係の均衡による安定化をはかる方策を明らかにした。そこでは、ポーランドはリトアニアとともにひとつの国家としてロシアとの同君連合のかたちをとって復活し、五月三日憲法の精神にそって国家再建を進めることになっていた。この提案は、一八〇七年にワルシャワ公国が成立すると効果をもたなくなり、チャルトリスキは外相を退いた。職を辞したあとも、ロシアの国家評議会にはとどまり、ナポレオンのモスクワ遠征の際にもロシア側に立ってポーランド再建を模索した。

## ウィーン体制下のポーランド王国

ナポレオンの失脚後に開催されたウィーン会議の結果誕生したポーランド王国は、ワルシャワ公国の領土の大半を併合し、一二万八五〇〇平方キロを占めており、正統主義を表看板としたウィーン体制下にあって例外的に、もっとも自由主義的な国家として誕生した。領土的にはポズナニ地方をプロイセンにゆずったとはいえ、ロシア皇帝を君主に戴き、同君連合のかたちで新国家をスタートさせたことは、かつてチャルトリスキが起草したアレクサンドル一世宛の「覚書」の主旨を一部実現したものでもあった。アレクサンドル一世は、一八一五年十一月十七日、五月三日憲法やワルシャワ公国憲法を範とした自由主義的な憲法をポーランド王国にたいして発布した。立憲君主制を明記した憲法は、ロシアとの同君連合を柱に、ワルシャワに副王もしくは総督をおくこと、外交はロシアに委ね、軍隊はポーランド王としてのロシア皇帝の統帥権下におくこと、ペテルブルクにはポーランド担当大臣をおくことを前提として、人格的自由、市民的諸権利、言論の自由、法の前での平等、厳正な司法制度の確立、移動の自由と所有権の神聖、信教の自由と宗教の寛容等を条文に明記した。行政、司法、軍隊における公用語はポーランド語と定められた。行政機関として副王もしくは総督が主催する国家評議会が設置され、司法、国防、内務・警察、財務、宗務・公教育の五つの大臣職が設けられた。立法機関としては二院制の国民代表議会が設けられた。しかしこの憲法のもとでさえ拒否権の発動を含む最終決定権は君主が握り、自ずから限界があった。この憲法のもつ理想主義は、わずか三三〇万人のこの国家を四五〇〇万人の専制体制下のロシア帝国に結びつけたために、最初から失敗を運命づけられていた。事実上の総督として皇弟コンスタンチン大公がポーランド軍の指揮権を握り、ツァーリから全権を委任されたロシアの元老院議員ニコライ・ノヴォシリツェフが国家評議会に加わり、王国政府を監督していたからである。

チャルトリスキの構想では、この小国家はリトアニアと連合し、第一次分割前の国境線の領域の復活がめざされていた。少なくとも一八一八年まではアレクサンドル一世の自由主義路線にそって、ポーランド王国はウィーン体制下にあってもっとも自由主義的な国家として繁栄が約束されていた。だが、アレクサンドル一世の立憲主義や自由主義は専制政治をより効果的に運営し、行政改革を進めるための方便でしかなく、アレクサンドル一世は帝政ロシアの専制権力を手放す意志は毛頭なかった。

ウィーン会議の決定に基づき、クラクフは独立した自治共和国として特別の地位が与えられた。総裁と一二人の元老院議員とで構成される元老院が執行権を握り、立法権は四一人の代表(そのうち二六人は郡が、残りは各団体〔元老院・大学・都市参事会〕が選出する)からなる代表者会議(代議院)が司ったが、分割列強三国の共同保護下におかれたこの小共和国を実際に統治していたのはその駐在官であった。旧来の賦役制は撤廃されず、地主による農民の収奪は以前のままであった。クラクフ共和国は面積、一一六四平方キロ、人口八万八〇〇〇人の小国家であったが、文化面や政治面では民族的進路をとりうることが保証されていた。農民にたいする過酷な収奪は、とくに東ガリツィア(ハリチナ)では民族的抑圧と重なり、支配者であるポーランド地主に反抗するウクライナ系農民の民族覚醒が始まった。ポズナニ地方はふたたびプロイセン王国に編入された(ポズナニ大公国)が、ここでは農民解放が調整勅令の段階的実施によって順調に進み、経済的先進地域として他の分割領と較べて資本主義化の有利な条件を享受できた。その結果、農民層の階層分解が進み、独立経営能力をもつ富裕農民が出現する一方、農村プロレタリアートも出現し始めた。

ポーランド王国では、農業の面でジャガイモ栽培が普及し、食料増産がはかられた結果、人口が増大した。財務大臣クサヴェリ・ドゥルツキ＝ルベツキの財政改革が軌道にのり、一八二八年にはポーランド銀行が設立され、ワルシャワ近郊やウッチを中心に繊維工業を主体とするマニュファクチュアが勃興し、なかでもウッチはその後のポーランドの近代産業の中心地として発展する。必要とされる労働力がドイツやプロイセン各地からも確保され、また南部のキェルツェやドンブローヴァ地域の鉱山開発（鉄、銅、鉛）も進んだ。

## 十一月蜂起

ルベツキによる経済改革と近代産業の成功はロシアとの融和を前提としたものであり、ペテルブルクでの評価は高かったが王国内での評判はかんばしくなかった。一八二〇年代にはいると、反動的なウィーン体制に反対する革命運動がヨーロッパ各地で頻発するなかで、アレクサンドル一世も自由主義的路線から後退し始めた。一八二五年十二月に彼が旅先のタガンログで急死したあと帝位を継いだニコライ一世（在位一八二五～五五）は、革命運動にたいしては呵責ない態度で臨み、ポーランドにたいする融和路線は消滅した。こうしたなかでポーランド王国内では二つの政治潮流が生まれた。ひとつは、チャルトリスキ以上にリベラルな傾向をもつ、バンジャマン・コンスタンの思想的影響を受けたニェモヨフスキ兄弟が指導するカリシュ派と呼ばれる自由主義的反対派である。もうひとつは、秘密結社による反体制運動である。一八一七年、トマシュ・ザンを指導者としてリトアニアのヴィルノで始まったフィロマチ(フィロマト)・グループの活動は、帝政ロシア内でかなりの影響力をもったが、一八二三年、当局の徹底した弾圧を受け、これに参加したミツキェヴィチ等が流刑に処せられた。フィロマチ・グループのみならず、ポーランド人陰謀家集団として著名なのが、ユリアン・ルブリンスキの指導下にウクライナを活動領域として設立され、共和主義とスラヴ連邦の実現を掲げた統一スラヴ結社である。この結社は、ロシアのデカブリスト運動、とくに南部同盟と提携関係にあった。ポーランド王国ではヴァレリアン・ウカシンスキの指導下に結成された秘密結社「愛国協会」が、デカブリスト運動(北部同盟)と協力関係をもち、運命をともにした。

ニコライ一世は一八二九年五月、ポーランド国王としてワルシャワで即位し、憲法の破棄と王国軍の廃止を断行しようとした。この動きにたいして、フランスの七月革命にも鼓舞されたピョートル・ヴィソツキ統率下の武装した士官候補生らは、一八三〇年十一月二十九日、コンスタンチン大公の居所ベルヴェデル宮を襲い、蜂起の狼煙《のろし》をあげた。襲撃自体は失敗したが、これに呼応してワルシャワ市民が立ち上がった。十二月一日、ヨアヒム・レレヴェルを代表とする愛国協会が再結成され、民衆に人気のあるユゼフ・フウォピツキが独裁権力を握ったが、しかしフウォピツキはコンスタンチン大公と交渉による解決を模索し、蜂起には消極的であった。地方から愛国派が義勇軍を編成してワルシャワに結集する気配をみせ始めると、王国の国会は保守派の意見を封じ、翌年一月二十五日、ニコライ一世の退位を宣言し、二十九日チャルトリスキを首班とする国民政府が構成された。だが、この政府には二人の保守派、二人のカリシュ派と左派を代表してレレヴェルが参画し、統一した政治方針を立てることができなかった。二月の初め、イヴァン・ディビチ将軍麾下のロシア軍一一万五〇〇〇人が王国に侵入を開始すると、約五万人の蜂起軍は二月二十五日のグロフフの戦闘で大きな損害を被りつつもロシア軍の首都侵攻を阻んだ。二月末に新しい軍司令官ヤン・スクシネツキをむかえて勇戦した。蜂起はポーランド王国の国境をこえてリトアニアやウクライナにも拡大し、ロシア軍との正規軍同士の戦闘に発展していった。物量に勝るロシア軍に対抗し、戦局を有利に展開するために農民大衆の動員が検討された。カリシュ派は農民の支持をとりつけるために国有地農民の金納化案を国会に提出したが、保守派に阻まれた。夏場にかけて農民出身の兵士の脱走があいつぎ、農民一揆が激増する気配がみえ始めると、愛国派左派の拠点であった『新生ポーランド』誌は土地付き即時解放を求める農民の要求を掲げ、蜂起側の足並みは乱れた。

国民政府の首班となったチャルトリスキは、外交交渉を通じてウィーン会議の合意事項の遵守《じゅんしゅ》をニコライ一世に迫る一方、西欧列強に軍事支援を要請したが、七月革命で疲弊したフランスには、期待にこたえる余力はなかった。一八三一年五月二十六日、オストロウェンカの戦闘で蜂起軍の主力が敗退し、あらたにイヴァン・パスキェヴィチ将軍指揮下のロシア軍が投入されるにおよんで、八月、国会はスクシネツキの軍司令官職を解き、蜂起の終結を急ぐヤン・クルコヴィエツキ将軍が軍司令官となって九月にワルシャワ市が降伏し、以後蜂起は収束に向かった。十一月蜂起の国際性は、ウィーン体制を震撼させ、神聖同盟を支えるロシア軍を王国に釘付けにし、フランスとベルギーの革命を成功裏に導いたことによって証明される。ヨーロッパ各国からも義勇兵が馳せ参じ、またロシア軍兵士に向かって蜂起側から「われらと諸君らの自由のために」というアピールがだされたことも、十一月蜂起が示した国際性の証しであり、このアピールはその後の一連の蜂起活動の指針となった。

## 啓蒙主義からロマン主義へ

当時、教育事業にもっとも好都合の諸条件を備えていたのはロシア領、なかでもリトアニアであった。アレクサンドル一世はチャルトリスキをリトアニア、ベラルーシ、右岸ウクライナを統括するヴィルノ教育管区の責任者に任じ、一八〇三年、ヴィルノ大学をポーランド式の大学に改組した。学長職を務めたヤン・シニャデツキとその弟イェンジェイ・シニャデツキ兄弟の学問的権威のもとに、ヴィルノ大学は高い学芸を誇った。また国民教育委員会時代に整備された小中等学校網が旧リトアニア大公国の範囲全域に張りめぐらされた。著名な法史家でリトアニア大公国時代の法制をまとめあげたタデウシュ・チャツキによりヴォウィン地方の古都クシェミェニェツにリセー(高等学校)が設立され、ロマン主義時代に活躍する逸材を多数輩出した。

ウィーン会議後の穏やかな一五年間は、分割時代とナポレオン戦争のあいだに中断していたポーランド人の文化活動を活性化させた。啓蒙期の反サルマティア的傾向はさまざまな面で継承され、クラクフとヴィルノの大学のほかに、知的職業、法律家、教師、医者の養成を目的として一八一六年にワルシャワ大学が設立された。少し前スタニスワフ・スタシツやユリアン・ウルシン・ニェムツェヴィチの尽力により一八〇〇年には科学アカデミーの前身ともいえる学術愛好協会がワルシャワに設立され、人文科学、歴史、経済、哲学が専門別に研究されるようになった。なかでも最大の業績といわれるのが、サムエル・ボグミウ・リンデの編纂によるポーランド語辞典の出版である(一八〇六〜一四年)。またスラヴ研究に特別の関心が注がれるようになり、全スラヴ民族に共通する文化的伝統の探求をめざし、ゾリアン・ドウェンガ＝ホダコフスキ(本名アダム・チャルノツキ)は農村にうもれた民謡や伝承の収集につとめ、輝かしい業績をあげた。しかし、こうした知的関心の高まりは、共和主義的なスラヴ連邦の建設という高い理想を掲げたために当局の監視の対象となった。出版活動が活発化するにつれて劇作家アレクサンデル・フレドロが活躍し、またこのころからロマン主義的な作品がミツキェヴィチ(『コンラット・ヴァレンロット』『青春への讃歌』)やスウォヴァツキ(『思索の時』)等によって発表され始めた。ヴィルノ大学歴史学教授のレレヴェルは太古の昔にさかのぼるポーランド民族史を講じ、十九世紀初頭のワルシャワにおいて、音楽文化はマグナートやシュラフタの宮廷から、都市民のサロンを拠点とするようになった。当時ワルシャワで青年時代を過ごしていたフリデリク・ショパンもそうした環境下で育った。

## 3 ロマン主義の時代

### 国内状況

十一月蜂起の敗北後、ニコライ一世は王国憲法の無効を宣言し、王国軍と国会を廃止し、司令官兼総督のイヴァン・パスキェヴィチを総督として王国を事実上の戒厳令状態においた。一八五六年まで続くこの体制は、「パスキェヴィチの夜」と呼ばれた。その象徴としてワルシャワ市北部にアレクサンデル監獄要塞(ツィタデラ)が造られた。学術愛好協会、およびワルシャワとヴィルノの大学は閉鎖された。王国およびリトアニアやウクライナでも、それまで以上のロシア化の波が押し寄せ、とりわけ一八三九年には旧東方領に多数の信徒をかかえていた合同教会派(ギリシア・カトリック)の強制的なロシア正教会への帰順策がとられた。蜂起に加担したシュラフタの財産没収をはじめ、中央および地方行政の官吏としてロシア人が登用され、ロシア通貨やロシア刑法が導入され、公教育の面でも漸次ロシア語の導入がはかられた。他の分割列強のポーランド政策も基本的に同じであった。神聖同盟の護持、ポーランド人の秘密工作を阻止するという点で三分割列強は、一八三三年、警察相互の協力、政治犯の相互引き渡しを取り決めた。

政治や文化の面での停滞はやむをえなかったが、経済面ではむしろ発展傾向を示した。穀物価格が上がり、西ヨーロッパの都市向けの輸出が増大し始めると、地主は生産増大をはかるために農業へ資本を投下した。輪作がしだいに三圃制に取ってかわり、耕作用の馬の飼育に関心が払われ、鋼鉄の犁や鎌が使われた。この傾向はプロイセン領で顕著となった。富裕な農民は賦役にかわる金納化のもとで独立した農業経営を享受できるようになり、その一方で多数の農業労働者が地主の農場に寄生するか、立ち退きをよぎなくされ、プロレタリア化が進行した。工業面ではポズナニ大公国、シロンスク・スデティ地方の織物工業は西欧の優れた競争力に完敗したが、上シロンスク地方の重工業(鉄工業、炭坑)は劇的な発展をとげた。ポーランド王国ではロシアの関税政策のためにロシア向けの織物産業は沈滞したが、ルベツキの投資政策により重工業が発展し、ピョートル・シュタインケレルが王国の工業化のパイオニアとして君臨した。一八四〇年代には、シュタインケレルの計画立案に従い、上シロンスクの鋳造工場や炭坑に通じる鉄道敷設計画が順調に進み、とくに一八四八年にワルシャワ―ウィーン間の鉄道が全通すると、ポーランド各地域は西欧の主要都市と鉄道網で結ばれるようになった。資本主義の興隆期に臨んで、ポーランド社会、とくにポズナニ大公国では社会的・経済的・文化的向上をめざす「有機的労働」と呼ばれる思想運動が有産階級のあいだに広まった。ドイツが統一に向かう機運に乗じて、経済的自由主義がポーランドの知識人のあいだにも定着し、カロル・マルチンコフスキの提唱のもとに社会・文化啓蒙・経済団体の活動が活発となった。

## 大亡命、オテル・ランベール派とポーランド民主協会

十一月蜂起が敗北したあと、大貴族や小貴族を主体とする旧封建的支配層からなる約一万人の亡命者が七月王政下のフランスに避難所を求めた。亡命者たちは、自由主義の波に洗われた七月王政下のフランスの政治環境のなかで立憲君主制か共和制かのいずれかの選択を迫られ、三分割列強、ロシア、オーストリア、プロイセンを一方の極とし、七月王政下のフランスとホイッグ政権下のイギリスをもう一方の極とする国際関係の二極構造を巧みに利用して、後者をうしろだてとして独立の可能性を求めた。パリに亡命拠点を定めたチャルトリスキは、表面上はウィーン会議で認められたポーランド王国の自治回復を強くロシア政府に要求した。おもに大貴族からなるチャルトリスキを支持する政治グループは、一八三二年二月、ポーランド文学協会をパリに設け、ここを情宣活動の足場とし、五月三日と十一月二十九日の記念集会でのチャルトリスキによる基調演説をもって政治指針を内外に示した。この政治集団はフランスの立憲君主制を模範とし、チャルトリスキは「無冠のポーランド国王」として君臨し、政治外交を指導した。一八四三年、セーヌ川の中州、サン・ルイ島にあるランベール館を購入し、ここを外交活動の拠点と定めたことから一般にオテル・ランベール派と呼ばれるようになった。ポーランドの復活とスラヴ諸民族の覚醒を訴え、かつてのチャルトリスキのスラヴ連邦構想の実現をめざすこの亡命者集団は、アルジェリア進出にも将校団を派遣するなどしてフランス対外政策に協力し、のちの東方バルカン政策の下地をつくった。

他方、中小貴族出身者を主体とするポーランド民主協会(以下民主協会と記す)は、一八三二年三月、通称小綱領をだし、七月王政下のフランスの反政府的共和主義思想を摂取し、民衆こそが歴史の主役であり、ヨーロッパ各国の民衆と連帯して神聖同盟を支える専制ロシアと対決しなくてはならないと訴えた。民主協会とはいささか距離をおいていたマウリツィ・モフナツキは、「ポーランド人、貴族(シュラフタ)、カトリック」という現代に通じる近代ポーランド人の類型を示し、この類型の民衆レヴェルへの拡大を通じてポーランド国家の再建をはかろうと主張した。彼の主張には農民解放の本質と近代的ポーランド市民観が展望されており、しかも兵員の補充対象としての農民の存在理由を明らかにした点で民主協会の戦略と重なっていた。民主協会のなかで急進左派の立場にいたタデウシュ・クレンポヴィエツキは、十一月蜂起の二周年記念公開式典の席で農民の即時全面無償解放を訴えて激しい反シュラフタ演説をおこない、まもなくイギリスのチャーティスト運動と提携して「ポーランド人民」を結成した。マッツィーニの青年ヨーロッパ運動に共鳴した穏健派の一部はレレヴェル等に従い、「青年ポーランド」が誕生した。彼らの地下工作は本国での蜂起と結びついており、失敗に終わったとはいえ、一八三三年のユゼフ・ザリフスキのパルチザン戦やシモン・コナルスキのカルボナリ的工作はよく知られている。民主協会の主力は、一八三六年一月、ポワティエ支部を拠点に中央指導部を確立して大綱領を採択し、組織としての安定を誇示するまでにいたった。大綱領は、ポーランド民族をヨーロッパ解放事業におけるスラヴ諸民族の解放の分担者と位置づけ、解放の暁にはレレヴェルの歴史理論やサン＝シモンの社会理論に基づく共和政体を樹立し、ジャコバン流の独裁権力をもってこの共和政体を維持すると宣言した。しかし、農民問題の解決に関しては、耕作農民への無償土地分与を要求したにとどまり、地主直営地の解体や土地無し農への土地分与は明記しなかった。

## クラクフ蜂起とガリツィアの虐殺

民主協会のポワティエ宣言に呼応して、本国の農村地帯でも一八四四年にルブリン県の教区司祭ピョートル・シチェギェンヌィによって農民に愛国主義を訴える宣伝活動が展開された。シュラフタの収奪に抗議するのみならず、高位聖職者の分割勢力との妥協路線にも反対し、ローマ・カトリック教会と民衆を結びつけようとしたシチェギェンヌィは逮捕され、シベリアのネルチンスクの鉱山の徒刑労働に送られた。一八四四年から翌年にかけて民主協会のイデオロギーを盛り込んだ二つの文書『ポーランド民族にとってのさし迫った真実』と『民主協会の教理問答』があらわれ、その筆者ヘンリク・カミェンスキはすみやかな農民解放と社会革命の実現を訴えた。民主協会中央指導部は本国での一斉蜂起を計画し、ルドヴィク・ミェロスワフスキらをポズナニに送り込み、一八四六年二月二十二日を決行の日と定めた。しかし、蜂起計画が事前に漏れ、ポズナニと王国で一斉逮捕が始まったために、予定を早めて二十日にクラクフで街頭闘争が起こった。二十二日、ヤン・ティソフスキを首班とする国民政府が公然と姿をあらわし、市民的平等と農民解放を盛り込んだ宣言『ポーランド国民にたいする『マニュフェスト』がだされた。国民政府に加わった民主協会のエドヴァルト・デンボフスキは、近郊農民に独立運動と社会革命への参加を呼びかけた。二十七日、十字架を掲げた彼の率いる聖体行列がクラクフ郊外のポドグジェへ向かう途中、オーストリア軍の発砲を受け、デンボフスキが射殺されると、蜂起の勢いは衰えた。十一月十六日、クラクフ自治共和国は正式にオーストリアに併合された。

クラクフの都市蜂起と時を同じくして、西ガリツィアではヤクプ・シェーラに率いられた農民一揆が起こった。農民を工作員から切り放し、皇帝側につかせようとするオーストリア当局の思惑も絡んだこの農民蜂起の結末は悲惨で、およそ二〇〇〇人の地主が虐殺され、一〇〇〇人にのぼる負傷者がでた。クラクフ蜂起にみられる共和主義運動の高揚と「ガリツィアの虐殺」として知られるこの農民蜂起とはともにウィーン政府を震撼させ、オーストリア帝国全体における農業改革の実施を急がせる契機となった。

### 諸国民の春

一八四八年二月、パリで二月革命が勃発し市民王ルイ・フィリップ王政が打倒され、ヨーロッパ各地に革命運動が広まった。ベルリンの革命に呼応してポズナニ大公国では三月革命後絞首刑が決まっていたルドヴィク・ミェロスワフスキが恩赦で釈放された後、義勇軍を編成し、ロシア領へ進撃する構えをとった。軍事路線とは別に、有機的労働の流れを汲む自由主義者たちはカロル・リベルトに率いられてポーランド連盟を組織し、革命運動に合流した。蜂起は四月から五月にかけて二週間続いたが、ポーランド側が敗北した。ガリツィアでも自由主義的な知識人たちがフランチシェク・スモルカを先頭にポーランド語を行政機関、裁判所、学校での公用語とすること、および賦役の廃止を求めた皇帝請願をおこなった。しかし、シュラフタと農民の分断をねらうオーストリア総督フランツ・シュタディオン伯によって骨抜きにされた。そのうえ、シュタディオンは東ガリツィアのウクライナ系農民をてなずけ、ガリツィアの東西分割を強行し、ポーランド・シュラフタの独立運動を封じようとした。こうした動きを背景に、オーストリア軍がリヴィウに侵攻した。ガリツィア全域でポーランド語の新聞は廃刊になり、オーストリア側の圧力が強まった。

この頃、ハンガリーでは、コシュート・ラヨシュがマジャール主義を掲げてハンガリーの完全自治を求める行動を起こした。しかし、このマジャール主義は歴史的ハンガリーの復活をめざし、その領域内に住むスラヴ系住民の要求に配慮したものではなく、スラヴ・マジャール間の対立が激化した。チャルトリスキ派は、スラヴ・マジャール間の対立を和解に導き、さらには統一をめざすイタリアも巻き込み、ドナウ連邦として中欧に新秩序を立てることをめざした。そのためにはオーストリア帝国、ロシア帝国、オスマン帝国を解体し、東欧スラヴ世界の再編、すなわちスラヴ連邦を構築しなくてはならなかった。その使命をおびてミツキェヴィチは北イタリアで独自の軍団編成を手がけ、多数のスラヴ系兵士を擁するオーストリア帝国軍と闘うサルデーニャを先頭とするイタリア統一軍の傘下にはいり、また統一軍の最高指揮官にはチャルトリスキの命を受けたヴォイチェフ・フシャノフスキ将軍が就いた。一八四九年三月のノヴァラの闘いでイタリア統一軍が敗退すると、戦局の焦点はハンガリーに移った。ハンガリーでは、ポーランド各地から一〇〇〇人をこえる義勇兵が結集し、ユゼフ・ベム、ユゼフ・ヴィソツキとヘンリク・デンビンスキの指揮下の義勇兵たちは、侵攻したロシア軍を撃退するなどハンガリー革命政府側に有利な戦局を切り開いた。しかし、八月のティミショアラ(テメシュヴァル)の闘いでハンガリー革命軍が惨敗すると、「諸国民の春」は収束に向かった。

## 東方バルカン政策とクリミア戦争

民主協会にとってヨーロッパ諸革命がポーランド解放のための好機であったように、オテル・ランベール派にとっては国際関係の緊張を巧みに利用した外交戦略が重要であった。イギリスのパーマストン外交やフランスの中東政策に期待を寄せるオテル・ランベール派はバルカン半島を戦略上の重要拠点とみなし、一八四二年夏、ミハウ・チャイコフスキをイスタンブルに派遣した。チャイコフスキを派遣した表向きの理由は、オスマン帝国の大宰相ムスタファ・レシト・パシャが進める近代化政策、すなわちタンジマート運動を軍事面および外交面で支援するためであった。チャイコフスキは軍事基地ないし秘密工作の基地として小アジア側にアダムポル(現ポロネズキョイ)という屯田兵村を設け、またセルビアの内相イリヤ・ガラシャニンにテコ入れしてセルビアの憲法草案ナチェルターニエを準備させた。そのときチェコ人フランティシェク・ザフの協力をえて南スラヴ統一主義の実現に尽力した。チャイコフスキの外交路線は、オテル・ランベール派の伝統的な政策として知られる「二つの汎スラヴ主義論」に基づくもので、ロシアの汎スラヴ路線に対抗してスラヴ諸民族による自立した汎スラヴ路線を構築するためであった。

ハンガリー戦役が敗北に終わったあと、ドナウ川沿岸を挟んでロシア・オーストリア両軍と対岸のオスマン帝国軍とが対峙し、ロシアとオーストリア側は逃亡したハンガリー軍兵士とポーランド人義勇兵の引き渡しを要求して一触即発の緊張状態にはいった。ウィーン体制が完全に崩壊したために生じたこの緊張状態はクリミア戦争の勃発まで続き、一八五三年七月二日、戦端がまずドナウ川沿岸で開かれると、チャイコフスキは配下のコサック部隊を率いてロシア軍部隊と交戦した。オスマン帝国領内で活動するポーランド人のあいだでは、ナポレオン三世に直接支援されたユゼフ・ヴィソツキらが指導する民主協会のポーランド・クラブと、オテル・ランベール派の実力者ヴワディスワフ・ザモイスキ伯を指揮官とする保守派の対立が深まった。亡命者の統一をはかるためにミツキェヴィチが派遣されたが、彼がコレラで死去すると、ポーランド統一軍を編成する計画は頓挫した。ロシア人をスラヴ系とみなさず、戦争を遊牧的アジアの野蛮と西欧文明との闘いとみるフランチシェク・ドゥヒンスキの独特の人種理論によってポーランド人部隊をウクライナに上陸させる作戦が提案されたが、フランスとイギリスはこれを黙殺し、セバストーポリ要塞の攻防戦にポーランド人部隊の参加さえ認めなかった。一八五六年二月二十五日のパリ講和会議では、亡命ポーランドの代表は会議への出席はおろか、名目上の代表権すら与えられなかった。ロシアはポーランド人亡命者には大赦以外の譲歩は一切せず、フランスもポーランド問題にはふれないことでロシアと足並みを揃えた。

## 一月蜂起

クリミア戦争後、ロシア領ポーランドでも改革の機運が盛り上がり、検閲制度が緩和され、農民の賦役労働からの解放が論議の的となった。有機的労働を支持する開明派貴族アンジェイ・ザモイスキのもとで漸次金納化を実施する目的をもった農業協会が設立された。一八五一年に王国はロシアの関税地域に統合された結果、王国の繊維製品が東方市場へ販路を拡大することになり、ウッチの繊維工業は著しく発展した。ワルシャワの冶金工場も数百人規模の労働者を擁し、製糖工場も順調に稼働し、ワルシャワはベルリン、ウィーン、ペテルブルクと鉄道網で結ばれ、近代都市への変貌がすすんでいった。

その一方で蜂起の動きが進行した。ペテルブルクの士官学校に在籍するジグムント・シェラコフスキの周囲に結集したポーランド人将校団のあいだで、チェルヌィシェフスキーやドブロリューボフの革命的民主主義者の著作が広く読まれ、革命的機運が高まりつつあった。ロンドンでは民主協会の左派を代表するスタニスワフ・ヴォルツェルがゲルツェンらと接触を保ち、ゲルツェンが主催する政治誌『鐘』と協力した。一八六〇年六月、ワルシャワで最初の大衆デモが発生し、十一月二十九日の蜂起記念日には民衆が街頭にでて、愛国歌「ポーランドはいまだ滅びず」や「神よポーランドを護り給え」が響き渡った。翌六一年二月二十七日のデモの際、警官隊の発砲により五人が殺害された。ウッチの工場地帯でも労働者による機械の打ち壊しが始まった。農村でも賦役義務を拒否する行動が目立ち始めた。ツァーリ政府はアレクサンデル・ヴィエロポルスキを宗教・公共問題総裁に起用して沈静化をはかったが、示威行動はやまず、ついに十月、王国全土に戒厳令が布告された。

蜂起をめざし地下に潜った急進的知識人グループは赤党と称し、シェラコフスキ・グループと接触し、まもなくウクライナからロシア軍の一士官であったヤロスワフ・ドンブロフスキがワルシャワに送り込まれ、一八六二年の春までに地下組織の統合は完了した。一方、ロシア政府と公然と妥協路線をとることにも躊躇する地主とブルジョワジーは、陰謀活動の進展に不安をいだきつつも白党を結成し、有機的労働の範囲にその活動をとどめた。農業協会のメンバーを主体とする白党は、ワルシャワの銀行家レオポルト・クロネンベルクの指導下にあった。ツァーリ政府はヴィエロポルスキを介して融和策をとろうとしたが、蜂起の動きは沈静化しなかった。ワルシャワのドンブロフスキやペテルブルクのシェラコフスキはロシア軍将校団と秘密裏に提携を進め、蜂起に備えて「土地と自由」派との提携をはかっていた。蜂起の動きは他の分割領にも拡大し、国民中央委員会が組織され、赤党右派のアガトン・ギルレルが指導権を握った。ヴィエロポルスキは蜂起の不穏な動きを察知し、反体制分子の徴兵を実施して蜂起側の兵力確保を封じようとしたが、まさにそれが強行されようとした六三年一月二十二〜二十三日の夜、王国に駐屯するロシア軍の兵舎およそ二〇カ所にたいして襲撃が起こった。二十二日、中央委員会は臨時国民政府と称し、すべての農民に耕地の所有権を認め、蜂起に参加する貧農にも土地を分配することを規定した布告・宣言を公表した。白党は蜂起に消極的であったものの、ザモイスキと密接な関係にあったオテル・ランベール派の説得を受け、二月末に蜂起側に与《くみ》することになった。王国の蜂起勃発は国際的反響を呼び、ヨーロッパ各地から義勇軍が参加した。なかでも第一インターナショナルはポーランド蜂起支援を目標のひとつに掲げ、またバクーニンは軍事物資の搬入を試みるなど国際的支援の環を広げた。物量に勝るロシア軍に対抗するため蜂起軍は小部隊に分かれてパルチザン戦を展開したが、活動範囲はリトアニア、西ウクライナ全域に拡大した。秋に赤党のロムアルト・トラウグトが政治指導権を握り、農民に依拠した国民総動員をかけて蜂起を続行しようとしたが、翌年、リトアニアで過酷な弾圧をおこなった「首吊り屋」ムラヴィヨフによる徹底した追跡を受け、四月、トラウグトが逮捕されて処刑されると、蜂起は衰退していった。

## ロマン主義時代の文化

十一月蜂起から一月蜂起までの時代のポーランド文化こそ、現代にいたるポーランド人の精神生活の基礎となったといっても過言ではない。三大国民詩人アダム・ミツキェヴィチ、ユリウシュ・スウォヴァツキ、ジグムント・クラシンスキが登場したのがこの時代であった。ミツキェヴィチは故郷リトアニアの歴史を素材とした叙事詩『父祖の祭り』『グラジーナ』などを発表し、スウォヴァツキは故郷ウクライナの歴史を素材とした『ベニョフスキ』、その他『サロメアの銀の夢』『コルディアン』などの叙事詩を残した。ポーランド・マグナートの出身であるクラシンスキは、保守的な立場からカミェンスキの民衆派の教説に反駁し、シュラフタと農民の恒久的一致を説く『愛の詩編』を書き、また『反神曲』を発表して理想とすべき貴族主義の姿を説明している。そのほか、ウクライナ出身のミハウ・チャイコフスキも郷土の英雄ボフダン・フメリニツキー以来のコサックの伝統をポーランド・シュラフタの歴史と結びつける作品を発表した。文学作品を政治社会の課題と結びつけようとした点では、ロマン派の詩人たちは皆共通していた。

音楽の分野では、二人の作曲家の活躍が目立った。一人は、亡命地フランスで活動したフリデリク・ショパンである。彼はポーランドの舞曲や共和国の伝承を純粋音楽的に昇華させた作品を多数残した。一方、スタニスワフ・モニューシュコは、『幽霊屋敷』『ハルカ』などのオペラを中心に、ポーランドのシュラフタや農民の伝統を表題音楽的に表現した。歴史叙述の分野では、国民史学の基礎をつくったレレヴェルは共和主義の立場でポーランド国民史を著し、他方、オテル・ランベール派の政策を擁護するカロル・ホフマンは立憲君主制の立場で歴史叙述を試みた。ミツキェヴィチがおこなったパリのコレージュ・ド・フランスにおける『スラヴ文学講義』は、スラヴ世界全体の未来を予見し、世界の救済者としてのポーランド民族の使命を謳い上げた歴史叙述のかたちをとっている。哲学の分野でも、国民哲学派と呼ばれる思想家群がポズナニ大公国にあらわれた。カロル・リベルト、アウグスト・チェシコフスキ、ブロニスワフ・トレントフスキは、ヘーゲルのネーション・ステート論をポーランド・メシアニズムの課題に置き換えた。

おもに亡命という特殊な環境のなかで生まれたこの時代の一連の作品群は、亡命地こそが故国の精神文化を支えるという特殊な心情を育み、独立運動の原動力となった。

# 第五章　近代民族の成立

## 1　有機的労働の時代

### 大亡命の黄昏、パリ・コミューンへの参加

一月蜂起の敗北によって、国際的な政治的焦点としてのポーランド問題はひとまず消滅することになった。それにもかかわらず、ポーランド社会の一部にはフランスの支持のもとでのポーランド復活をなおも期待する声が聞かれた。蜂起の敗北後、おもにフランスに逃れた亡命者の数は、およそ七〇〇〇人にのぼった。蜂起の支援に消極的であったナポレオン三世も亡命者の受け入れには寛大であったが、一八六六年の普墺戦争のときにもオーストリア帝国支援を優先し、ポーランド問題にふれることは避けた。だが、大亡命の遺産を継承し、赤党の流れを汲む亡命者のあいだではルドヴィク・ミエロスワフスキやユゼフ・ヴィソツキを中心に独立闘争への意欲はなお盛んであった。彼らはフランス

の労働運動と接触をもち、政治的独立と社会解放の同時解決の道を模索し、統一亡命ポーランド人団を結成した。

普仏戦争に際しても多数のポーランド人亡命者がフランス軍に志願したが、第二帝政は彼らを利用するだけで期待を裏切った。一八七一年三月、パリ・コミューンが勃発すると、一部の亡命者はコミューンのフランス労働者と連帯する道を選び、軍事指揮官に選ばれたヤロスワフ・ドンブロフスキとヴァレリ・ヴルブレフスキのもとでポーランド義勇軍を編成し、ヴェルサイユ側と闘った。パリ・コミューンは、ポーランドの社会主義運動史にとってもひとつの転換期となった。ロンドンに逃れた亡命者たちはマルクスらが指導する第一インター総評議会にむかえられ、またスイスのチューリヒではマルクスらと対立するバクーニンの指導下でポーランド社会民主同盟を結成した。しかし、このころにはポーランド独立の課題は、産業社会における労働問題の解決の前に後景に退いていった。

## 三面忠誠主義、クラクフ歴史学派と『道化師の鞄』

イタリアの国家統一、普墺戦争におけるオーストリア帝国の敗北後のオーストリア・ハンガリー二重王国の誕生、ロシア帝国の大改革、そしてプロイセン主導のドイツ統一という一連の中央集権国家への再編過程のなかにあって、各分割領では一月蜂起以後には士族反乱の可能性は消滅した。オテル・ランベール派の政治外交の指導者ヴァレリアン・カリンカが一八六八年に発表した歴史書『スタニスワフ・アウグストの統治の最後の数年間』の序文に盛り込んだ「ポーランド人自身に祖国滅亡の責任がある」という悲痛な自己責任論が、ロマン主義時代の蜂起路線を支えたレレヴェルの歴史学を痛打し、ポーランドの知識社会に衝撃を与えた。国家喪失を冷静にみつめ無謀な蜂起路線にはしることを戒め、後世クラクフ歴史学派の祖と呼ばれたカリンカの主張は、続く第二世代のミハウ・ボブジンスキに受け継がれた。ボブジンスキは一八七九年に著した『ポーランド史概観』において、レレヴェルのアプリオリな歴史学を厳密な実証主義に基づく政治社会諸科学の方法を用いて批判し、国家喪失の原因を説明した。

クラクフ歴史学派の主張は、有力貴族スタニスワフ・タルノフスキらによってオーストリア領ガリツィアの政治論、すなわちウィーン政府に恭順を誓う一方、在地の地主・農民の支配関係の恒久的安定をはかる政治論に適用された。彼らは文芸誌『道化師の鞄』の誌上を借りて、国家のほうは外国支配に委ねても、社会の支配、すなわち「魂の支配」だけはゆずらないとする自分たちの政治姿勢を貫いた。一八五九年の第二次イタリア統一戦争の敗北を契機として国制の見直しを迫られたウィーン政府は、「諸国民の春」以来、オーストリア帝国領内で高まった民族的分離主義の高まりに対処するなかでガリツィア総督に抜擢していたガリツィア保守派の代表アゲノル・ゴウホフスキ伯をポーランド人として初めて入閣させ、国制改革にあたらせた。領邦貴族に拠った歴史的領邦の自治を構想するゴウホフスキはドイツ人リベラル派や帝国官吏の反発を招いて解任されたが、彼の改革案を修正して一八六一年に発布された「二月勅令」により、制限つきとはいえ、地方議会の開設が承認された。普墺戦争の敗北後、一八六七年のアウスグライヒ(和協)によるオーストリア・ハンガリー二重王国が成立するなかで、翌年九月にガリツィア議会はハンガリー人とほぼ同様の広範な権限を求める決議をおこなった。七三年にかけておこなわれたこの決議をめぐる論議を通して、ガリツィアの自治が実現された。自治を享受できるようになったとはいえ、支配者である地主たちにとっては、ポーランド系農民が多数を占める西ガリツィアのみならず、とりわけ民族的自立をめざす東ガリツィア(ハーリチナ)のウクライナ系農民の処遇も頭痛の種であることに変わりはなかった。

### 非ポーランド化政策にたいする抵抗

一月蜂起後、ツァーリ政府は王国の新総督にフョードル・ベルクを起用し、ポーランド人の抵抗を弾圧する一方で融和策もとり、臨時国民政府が蜂起開始時に発した布告を追認して農民に土地の所有権を保証した。数万人の士族(シュラフタ)の土地財産を没収し、シベリア等へ流刑に処す一方で、ツァーリ政府は農民解放を実施した。ツァーリ政府はニコライ・ミリューチンらの自由主義的な官僚にポーランドの農地改革の実施を委ね、一八六四年三月二日、農民にはその耕作地を与え、地主には国庫からの補償等を与える政策をとり、その後さらに土地無し農民にも土地を与えて非合法に取り上げられた土地も農民に返還するという約束さえしたのである。地主の森林と牧草地への権利は廃止されなかったとはいえ、結果的にみて土地に執着する農民にとっては一八六一年のロシアの農民解放よりも有利な条件を享受することになり、王国のみならず、リトアニア、ウクライナ、ベラルーシの農民の生活水準を引き上げることにも貢献した。農民が所有する耕作地は全体で八%から一〇%に増加し、一八七〇年代には八二〇万モルグに達し、農民層分解が進行して富裕農民が出現する一方、農村プロレタリアートもあらわれた。

リトアニアでも、ムラヴィヨフ体制のもとで蜂起に加担したポーランド・シュラフタの多くが土地を没収され、シベリアへの流刑に処せられた。帝政ロシアで実施されていた地方自治制度(ゼムストヴォ)は、リトアニア(西部諸県、すなわちヴィルノ、グロドノ、コヴノの三県)には保証されず、行政・学校教育における公用語としてのポーランド語の使用が禁止され、その一方でロシア人官吏や軍人に没収地が分与され、大量の官吏がロシア人に置き換えられた。王国では、土地改革法によって没収されたポーランド地主の所領地は、グロマダと呼ばれる農村単位に改組された。いくつかのグロマダはグミナと呼ばれる大きな単位に編入され、そこで農民の代表と政府の役人とのあいだで直接交渉による諸問題の調整がおこなわれることになった。その結果、ポーランドの既存の支配層、すなわち旧来のシュラフタの農村支配は終焉をむかえた。一八六六年に王国を行政的に統合する改革が始まり、翌年には国家評議会が廃止され、王国の予算はロシア帝国の予算に組み込まれた。また行政区分として県(グベルニャ)単位に再編されるなかで王国の名称も消えた。一八七五年から王国の東部地域、ヘウム地方やポドラシェ地方に残存していた合同教会派（ギリシア・カトリック）のロシア正教会化が強行されたが、信徒の激しい抵抗を招き、とりわけ信徒と日常の交流が深い聖職者の抵抗は強く、ロシア政府は徹底した弾圧をもって応えた。ヘウム地方における合同教会派のポーランド志向は、十一月蜂起後のベラルーシにおける合同教会派のロシア正教会化にたいする抵抗とよく似ていてポーランドの民族性との一体化をめざすものであり、東ガリツィア（ハーリチナ）の合同教会派がウクライナ民族主義のよりどころとなったのとは正反対の経緯をたどった。

ポズナニ大公国では、一八七一年のドイツ国家統一後は、とくに学校教育の現場でそれまで以上のゲルマン化が進められ、そのためポーランド農民に強い影響力をもつカトリック教会の聖職者との対決は避けられなくなった。ビスマルクの進める「文化闘争」は本来、統一したドイツ国家を完成するためのブルジョワジーの利害を代弁したものである。しかるにポズナニ大公国のカトリック教会は、プロテスタントを背景とするビスマルクのゲルマン化政策にたいしてポーランド社会の強力な防壁となり、教会こそがポーランド文化の守り手であるとの立場を誇示した。元来ゲルマン色の強い、工業化や鉱山開発の進んだ上シロンスク地方でも、労働者階級の政治意識が高まるにつれてカトリック教会との結びつきが強まり、ポーランド文化への回帰現象がみられた。またカシューブ、マズーリやヴァルミアなどバルト海に近い地方でも、同様にポーランド語回復運動、ポーランド文化との一体化運動が始まった。

## ワルシャワ・ポジティヴィズムと実証主義時代の文化

沈滞していたワルシャワの知的社会のなかから、「基礎における労働」あるいは「知識は力なり」をスローガンに社会啓蒙活動を重視する運動が始まった。ワルシャワ・ポジティヴィズムと呼ばれるこの運動は、当時西欧全域を風靡《ふうび》していた実証主義を自らの哲学的基盤とするものであったが、すでにロマン主義の時代にプロイセン領下のポズナニで始まっていた有機的労働(実業)の系譜を引き、自然科学、技術へ強く傾倒し、独立闘争を断念するかわりに経済活動の振興を唱えた。当時、繊維産業が発展し、ユダヤ系やドイツ系の資本家による投資が進んだウッチは、ポーランドのマンチェスターと呼ばれる工業都市に変貌しており、こうした著しい産業発展がワルシャワ・ポジティヴィズムを育む土壌となっていた。一八六五年から八〇年までに鉄道建設が進み、ロシア帝国とのあいだの関税障壁が撤廃されたことにより、安価な労働力に恵まれ、技術革新の進んだポーランド産業は、ロシアの産業を凌駕《りょうが》し始めた。

オーストリア領ガリツィアでは、クラクフ大学とリヴィウ大学がポーランドの学芸の中心となり、またクラクフにはパリからオテル・ランベール派の拠点が移り、チャルトリスキ文書館が設立された。一八七三年には学術アカデミーも創設され、ポーランド文化の維持発展に寄与した。しかし王国では、総督ヨシフ・グルコによって徹底したロシア化政策がとられ、彼のもとでワルシャワ教育総監アレクサンドル・アプーフチンが初等中等学校数の削減や教育内容の低下を意図的に推し進めた。初等中等学校ではロシア語による授業が義務づけられ、ポーランド語は宗教とポーランド語の授業のみに限定された。十一月蜂起後に閉鎖されたワルシャワ大学は一八六二年に一時復活したが、六九年にはロシアの一帝国大学となり、ポーランド人教授陣は完全に排除された。ワルシャワ・ポジティヴィズム運動はブルジョワジーの思想表現であるのみならず、独立闘争が挫折した状況下で民衆の教育啓蒙活動のあり方を模索したもので、この面で活躍したなかには公教育のポーランド化を訴えたコンラト・プルシンスキがいた。彼が一八七五年に出版したポーランド語の教本はロシア支配下のポーランド社会で広く受け入れられ、その後も版を重ねて、二〇世紀初頭までに発行された部数は一〇〇万部を超えた。

この時代、言語学者のヤン・ボードゥアン・クルトネや評論家で、階級的偏見や教権主義を批判し、ユダヤ人の解放と婦人の平等の権利を主張したアレクサンデル・シフィエントホフスキ、作家のヘンリク・シェンキェヴィチやボレスワフ・プルス、人類学者のオスカル・コルベルク、社会学者のルドヴィク・クシヴィツキが登場した。シフィエントホフスキは一八八二年に『政治指針』を発表し、ワルシャワ・ポジティヴィズムが独立闘争を断念する論拠を示した。女性作家エリザ・オジェシュコヴァは、この時代の女性の社会的地位の向上のために筆をとった。ボレスワフ・プルスは、小説『人形』において一月蜂起以後のポーランド社会の諸矛盾、とりわけ都市ブルジョワ社会の俗物性を暴き出し、最初の社会派作家となった。その一方で、遠い過去の歴史を素材として婉曲に独立運動を擁護する作品もあらわれた。プルスの『ファラオ』や、シェンキェヴィチの『ドイツ騎士団』、三部作（『火と剣をもて』『大洪水』『パン・ヴォウォディヨフスキ』）は国民的大河ドラマとなり、またシェンキェヴィチはネロ帝時代のローマを舞台に初期のキリスト教徒を素材とした小説『クウォ・ヴァディス』を著してノーベル賞を獲得した。美術の分野では、クラクフを制作の舞台として活躍したヤン・マテイコが、ポーランド国民史を素材として『グルンヴァルトの闘い』『道化師』『スカルガの説教』などの作品を残した。アレクサンデル、マクシミリアン・ギェリムスキ兄弟やユゼフ・ヘウモンスキの作品は、ポーランド農村の日常生活を淡々と描き、ポーランド表現主義を代表するものとなった。

ポーランド人が高等教育機関で職をえる機会が大幅に制限を受けた王国では、在野の知識人からなるワルシャワ歴史学派が登場した。その一人ヴワディスワフ・スモレンスキはクラクフ歴史学派の悲観論を拒否するとともに国家権力の発展を歴史学の主軸にすえたボブジンスキ史学を批判し、自立した民族社会や文化に目を向ける必要性を強調した。同じくタデウシュ・コルゾンもコシチューシュコの蜂起を称賛して民族解放論の伝統を復活させ、レレヴェルの歴史学への回帰を訴えた。ワルシャワ歴史学派による歴史意識の転換は、のちの独立運動のバネとなった。

## 2　大衆運動の時代

### 民族主義か社会主義か

後進的な農業社会であるポーランド本国で本格的な社会主義論が取り組まれたのは、パリ・コミューン以後のことである。ポーランド本国の労働運動の展開と社会主義陣営の組織化は、一八六〇年代のドイツの社会主義運動の枠内ですでに上シロンスクで始まり、一八七〇年代の選挙では二万票以上を獲得するまでに成長していた。ロシア領では、一八七四年からナロードニキの影響を受けたペテルブルク大学学生ルドヴィク・ヴァリンスキが中心となって社会主義活動が開始された。そのグループの一人スタニスワフ・メンデルソンは、一八七八年に最初の社会主義綱領を作成し、それは翌年ジュネーヴで発刊された最初の社会主義情宣誌『平等』の創刊号に官憲の目を欺くため「ブリュッセル綱領」の名で発表された。しかし、編集を担当するボレスワフ・リマノフスキが固執する赤党以来の民族主義・愛国主義は克服されず、社会主義のもつ国際性も曖昧なままであったため、まもなくヴァリンスキの手で『曙光』誌が発行された。一八八〇年のジュネーヴでの十一月蜂起の記念集会において、カジミエシュ・ドゥウースキは「愛国主義と反動を打倒せよ！　国際革命と社会革命万歳！」と演説し、愛国主義路線との決別を鮮明にした。一八八一年の末にワルシャワに戻ったヴァリンスキは、ロシアの「人民の意志」党と歩調をあわせ、一八八二年九月「プロレタリアート」党を結成した。翌年ワルシャワの近郊ジラルドゥフにある八〇〇〇人もの労働者を擁する繊維工場で大規模なストライキが起こり、労働者側の勝利に終わったが、これにはプロレタリアート党が一定の影響を及ぼしていた。一般に大プロレタリアート党と呼ばれるこの組織は、ロシアの人民の意志党のパートナーとしてテロ戦術も採用し、過激な活動を展開したが、二〇〇人余りが逮捕されて組織は壊滅した。翌一八八四年の裁判で四人に死刑判決がくだり、ヴァリンスキは悪名高いシュリッセリブルク要塞監獄に拘置された。一八八八年、残党により第二次プロレタリアート党が結成されるが、弾圧を受けて解体に追い込まれた。

赤党以来の愛国主義が社会主義運動のなかで死滅したわけではなかった。一八九二年十一月にパリで結成されたポーランド社会党は一月蜂起以来の民族解放路線を堅持し、本国の労働者のあいだに愛国主義の宣伝を展開した。一方、国際社会民主主義運動との連帯をめざすローザ・ルクセンブルクやユリアン・マルフレフスキらは、一八九三年にポーランド王国社会民主党を結成し、一九〇〇年にはポーランド王国リトアニア社会民主党と改称してマルクス主義政党を発足させた。ローザ・ルクセンブルクの基本的立場は、分割以前の国境線の回復を無意味とし、分割領それぞれの労働者が分割列強の労働者と連帯することを求めるものであった。九七年にリトアニアのヴィルノでユダヤ人「ブンド」(リトアニア・ポーランド・ロシア・ユダヤ人労働者総同盟)が結成され、この組織はロシア社会民主労働者党と連携していたが、イーディシュ語を話す旧ジェチポスポリタ(貴族共和制)領内に居住するユダヤ人社会の文化的自治を要求しており、それゆえポーランドの独立には消極的であった。

### 国民民主党とロマン・ドモフスキ

農民解放後、農民の移動が可能となり、新大陸などへの移民が急増するとともに、移民社会の形成が大亡命時代以来の在外ポーランド人社会の価値観を大きく変え、一般民衆の社会的経済的かつ文化的地位を高める重要な要因のひとつとなった。最初の移民の波は一八七〇年ころにプロイセン領で起こり、一八八〇年代にはより広範に農民はアメリカ合衆国やドイツ西部の工業地帯に移動した。王国からは一八九〇年代にまずブラジルへ、ついでアメリカ合衆国へ移住が始まった。もっとも遅かったのはガリツィアからであり、移民のほかに土地無し農民による季節的な移動が目立ち、ドイツ東部地方や西ポモジェ(ポンメルン)へ出稼ぎ労働にでかける者は多かった。二十世紀初頭にかけてのポーランドからの経済移民の概数は、アメリカ合衆国へ二六〇万人、ドイツへ四〇万人、ドイツ以外のヨーロッパ各国へは一〇万人、合衆国以外のアメリカ諸国へは二〇万人、ロシアへ三〇万人くらいと推定されている。ロシアへの移民は古くは政治犯が主体であったが、専門技術を身につけている者が多く、ロシア帝国のシベリア・極東開発にもおおいに貢献した。

文化闘争に引き続いて、一八八六年四月二十六日、プロイセンの邦議会は一億マルクの基金をもってポーランド人の耕作地を収用し、ドイツ人を入植させる法案を採択し、これに基づいて植民委員会が設けられた。この背景には、一八七三年に締結され、八一年に更新されていた三分割列強による三帝同盟が、バルカン半島で対立を深めるオーストリアとロシアの衝突を回避するには不十分であり、やがてポーランド問題が顕在化することを見越して、プロイセンにおけるポーランド的要素を一掃しておきたいビスマルクの思惑が絡んでいた。こうしたドイツ人の攻勢に敏感に反応したのが、赤党の路線を継承するジグムント・ミウコフスキである。彼が一八八七年にスイスで組織したポーランド連盟は、シュラフタの愛国主義から民衆レヴェルの愛国主義への拡大をめざす民族主義運動を展開しようとした。その継承者ヤン・ポプワフスキとジグムント・バリツキはポーランド青年同盟を結成し、大学生のあいだにシンパを獲得していった。ガリツィアではロシアのナロードニキの影響を受けたボレスワフ・ヴィスウォウフが、民族の本来の姿を農村社会にみて、農民の伝統文化を守るために教育啓蒙活動や経済的自助組織づくりをめざし、その影響下に一八九五年には農民党が結成された。

伝統的なポーランド独立運動の復活と社会主義運動の勢力伸長に対抗して、十九世紀後半から排外主義的な民族主義運動がポーランド連盟から発展してきた。その指導的役割を演じたロマン・ドモフスキは、バリツキとポプワフスキの協力をえてポーランド連盟を国民連盟に改組し、さらに一握りのエリートによる秘密組織である同盟とともに公然たる活動を通じて大衆政党へと発展させるための組織をもつ必要から一八九七年には国民民主党(エンデツィア)を発足させた。国民民主党は、民主主義的な理念と決別して現実政治と人種的排外主義に基づく激しいナショナリズムへ転換し、都市民のみならず、富裕農民のあいだにも支持をえ、強大な政治勢力に成長していった。国民民主党は、新しい時代、すなわち帝国主義の時代の到来に対応しつつ、ポプワフスキはクラクフで農民向けの『ポーランド人』誌を、ドモフスキはリヴィウで理論誌『全ポーランド評論(プシェグロント・フシェフポルスキ)』を刊行し、国民民主党の宣伝につとめた。国民民主党のイデオロギーは、ドモフスキが一九〇三年に刊行した『近代的ポーランド人の思想』に凝縮されている。

## 日露戦争と一九〇五年革命

ロシアの対ポーランド経済政策は、一八九二年に蔵相に就任したセルゲイ・ヴィッテが推進したフランスからの借款の導入による鉄道網の敷設と重工業路線によって大きく転換した。ヴィッテはロシア国内の生産を保護するために、ポーランド王国の工業が必要とする原料に関税をかける政策をとった。その結果、外国資本家たちは関税率の低いロシアへ融資先を変更し、そのため工業発展をめぐるポーランド王国とロシア帝国の関係は逆転し始めた。日露戦争が勃発する直前にはヨーロッパ各地で不況が深刻化し、ロシア政府のポーランド王国にたいする敵対的な経済政策は労働者階級の反発を招き、ストライキが頻発した。極東で戦争の危機が高まったとき、帝政ロシアは従属下の諸民族から大量に徴兵して満洲へ送り込もうとし、そのため従属諸民族のあいだで一気に不満が高まった。

一九〇四年にはいり、二人の政治指導者、ピウスツキとドモフスキは日本の参謀本部と接触をはかり、東京へ赴き、それぞれ別個に対ロシア政策の案を示した。ピウスツキは満洲でロシア軍に徴兵されているポーランド兵を投降させて日本側にポーランド軍団を編成する案を示すなどロシアに対する武装闘争への援助を求めたのにたいし、武装蜂起に反対するドモフスキはピウスツキを牽制した。だが、そのころ満洲で軍事的勝利を手中にしていた日本側は、ポーランド側の協力をロシアの後方攪乱《かくらん》に利用する思惑もあったが、結局利益なしと判断し、彼らの対日工作は挫折した。満洲でのロシア軍の敗勢はポーランドにも伝わり、厭戦気分の高まりから各地でサボタージュやストライキが頻発した。ポーランド社会党は、一九〇四年十一月十三日、ワルシャワで最初の武装デモを組織し、翌年一月二十二日に首都ペテルブルクでの「血の日曜日」を誘発した。

一九〇五年革命がロシア帝国全土に波及する勢いを示すと、強制的にロシア正教会に改宗させられたヘウム地方やポドラシェ地方の合同教会派は四月の宗教寛容令により、いっせいにローマ・カトリック教会の保護下に復帰した。検閲の緩和により学校教育の現場でもポーランド語やリトアニア語が私的な範囲にかぎり許可され、またポーランド人が旧リトアニア大公国の領域で土地を購入する権利も回復された。

ポーランド社会党、ポーランド王国リトアニア社会民主党の呼びかけに応じて、一九〇五年一月から二月にかけてワルシャワ近郊やウッチの工業地帯を中心におよそ四〇万人の労働者がストにはいり、ウッチでは六月、ロシア帝国ではじめて労働者が三日間にわたって軍隊に武装抵抗を試みた。ストライキは農村にも波及し、国民民主党は影響下にあるすべての農民を結束させ、民族の権利、すなわちポーランド語の行政語化、公教育への導入等を勝ちとる闘いへと導いた。ポーランド社会党内部ではピウスツキ、ボレスワフ・イェンジェヨフスキ、レオン・ヴァシレフスキ、ヴィトルト・ヨトコ＝ナルキェヴィチ等古参グループは戦闘組織を温存して武装闘争路線を貫徹しようとし、一九〇六年末のウィーン大会で、ロシア革命との連帯を望むマリア・コシュツカ、マリアン・ビェレツキ等の若手との対立が決定的となった。以後、若手は「ポーランド社会党左派」を、古参グループは「ポーランド社会党革命派」をそれぞれ名乗り分裂した。一九〇六年半ばから、王国でもロシア帝国内部でも革命運動は退潮していくが、この革命運動がポーランドの労働者の生活水準を向上させ、ポーランド民衆の政治的、社会的そしてなによりも民族的な意識を根本的に深めたことこそが重要である。

議会開設を約束したツァーリの十月勅令に基づくロシア帝国最初の国会(ドゥーマ)の開設にあたって、国民民主党は第一回国会のために王国諸県で選出された三六議席のうち二五議席を占め、王国のポーランド議員団を組織した。彼らは王国の自治を要求したが、他方リトアニアでも別個の議員団が組織され、旧リトアニア大公国の自治をペテルブルクの国会に要求した。ドモフスキの「自治」という考えは、二十世紀初頭の東欧を風靡したネオ・スラヴ主義運動と歩調をあわせたもので、彼の著書『ドイツ、ロシアとポーランド問題』(一九〇八年)に要約されている。迫りつつあるヨーロッパ戦争ではポーランドはドイツを敵とし、ロシアとその同盟国の側につくべきであるとの彼の主張は、ポーランド問題の解決は独立にあるのではなく、「統合」にあるという信念に基づいていた。したがって、ポーランド問題を有利に解決できるのは、ロシアの勝利以外にないのである。ドモフスキの「統合」という主張は、プロイセン領におけるポーランド人の土地の強制収用とドイツ人の入植を目的とした法案(一九〇八年)が可決されたことにたいする反発を背景としている。ポーランド人の統合を呼号する彼の排外主義な論調は、ユダヤ人排斥をはじめ、旧リトアニア大公国領の住人であるリトアニア人、ウクライナ人、ベラルーシ人にたいする抑圧、すなわちポーランド化を強要するものとなり、各地で激しい民族的抵抗を招いた。過度なポーランド化の志向は、ウクライナのヴァツワフ・リピンスキ(ヴャチェスラフ・リピンスキー)やリトアニアの政界を指導したミハウ・レメル(ミコラス・レメリス)等の郷土派の人たちの強い反発を受けた。ドモフスキの統合の主張は、もちろんリトアニアとの連合史を重視するピウスツキの連邦主義とはあいいれなかった。

ロシアの一九〇五年革命はオーストリア帝国にも影響をおよぼし、ウィーンの帝国議会でも普通、秘密、平等、直接投票権が認められ、ガリツィアの経営能力をもち生活水準や文化水準を著しく向上させた農民に政治参加の道が開かれた。労働者階級も他の分割領と較べると脆弱であったとはいえ、急速な工業化を背景に成長し始めた。とくに石油産業が勃興し、石油生産は一九〇八年には一八〇〇万キンタル(一キンタル＝一〇〇キロ)に増加し、世界の生産高の五%を占めるまでにいたった。保守的な農村社会を支持基盤としていた「道化師」グループの権威は、農民の政治意識の伸長を前に失墜した。農民党の勢力が台頭し、一九一三年には有能なヴィンツェンティ・ヴィトスの指導下にガリツィア農民の利益代表としてポーランド農民党ピャスト派が組織された。しかし、ガリツィアでは古い選挙区制がいぜんとして残り、労働者や農民の政治参加が制限されていただけでなく、選挙権をめぐる闘いはウクライナ人問題と絡み合い、ウクライナ人諸政党もまた排外的なポーランドの国民民主党との対決姿勢を強めていた。

### 第一次世界大戦とピウスツキの軍団編成

世紀末的状況のなかで独立への期待感の高まりを反映し、ポジティヴィズムの黄昏とその克服をめざす文化が生まれた。「若きポーランド(ムウォダ・ポルスカ)」と呼ばれるこの文化的潮流はクラクフで華開き、意識的にロマン主義への回帰がめざされた。絵画や戯曲の両面で、もっとも創造性あふれる多彩な活動をおこなったのがスタニスワフ・ヴィスピャンスキである。彼は優れた印象派の画家であり、劇作家でもあり、その幻想的な作品はかつてのロマン派の芸術のもとで沸騰した民族問題を蘇らせた。ヴィスピャンスキの戯曲は、「道化師」グループが提起した協調主義・忠誠主義と絶縁したことにより熱烈に歓迎された。ヴィスピャンスキが一九〇一年に発表した『結婚披露宴』や〇三年の『解放』のどちらも、この時代の民族理念を表現する社会批評となっている。この時代、活躍したもう一人の作家ステファン・ジェロムスキも、社会正義を訴えた作品『家なき人々』(一八九九年)やナポレオン時代を扱った『灰』をとおして武装闘争、独立運動への憧憬を復活させた。一九〇四〜〇九年にかけて農民の日常生活を淡々と描いた小説『農民』を発表したヴワディスワフ・レイモントは、二四年にノーベル賞を獲得した。音楽の分野では、多くの交響曲を発表したカロル・シマノフスキやピアノの演奏家イグナツィ・パデレフスキが著名である。科学の分野でも大きな功績が見られ、一九〇三年にノーベル物理学賞、一九一一年には化学賞を受賞し、わが国ではキュリー夫人として知られるマリア・スクウォドフスカも、この世代に属する。歴史研究では、ヴァツワフ・ソビェスキがポーランドの史学史を悲観論と楽観論に区分するジンテーゼを試み、独立運動へ軌道修正する必要を訴え、リヴィウの外交史家シモン・アスケナジィは十八〜十九世紀のヒロイズムに満ちたポーランドの蜂起に関する歴史書を多数著した。

大戦勃発を予感してポーランド社会党右派(革命派)は、カジミェシュ・ソスンコフスキ、マリアン・クキェル、ヴワディスワフ・シコルスキを中心にガリツィアを活動拠点に積極闘争同盟を結成した。同盟は、蜂起に備えた士官養成のための学校であった。ヴィルノ近郊で郵便列車の襲撃に成功したピウスツキは、同盟の指導的地位にのし上がり、まもなくオーストリア軍当局と接触をはかり、同意をえて対ロシア工作を目的とした部隊編成に乗り出した。第一次世界大戦が勃発し、一九一四年八月十六日、クラクフで最高国民委員会が設立された。オーストリア領のあらゆるポーランドの諸政党がその傘下にはいると、オーストリア軍当局から王国への進撃を許可されたピウスツキの軍団もオーストリア＝ハンガリー軍の統制下におかれた。しかし、ピウスツキは秋には独立したポーランド軍事組織の再編に成功し、ロシア前線での諜報活動や破壊工作に乗り出した。彼の一連の軍事行動は、ナポレオン戦争や蜂起の時代の英雄的活動を一般民衆の心に蘇らせた。

一九一五年五月以降、ロシア軍が敗退したあと、王国はドイツ・オーストリア軍の統治下におかれた。分割列強が二つに分かれ、いずれの陣営の側に立つことがポーランドの将来にとって有利になるのかをめぐりさまざまな政治方針が錯綜する国内の状況は、国外のポーランド人の間にも持ち込まれた。国内の諸勢力にとり、その動向が大きな意味をもつ在米ポーランド人のあいだでは、親協商路線のポーランド国民評議会と、ピウスツキの軍団およびクラクフの最高国民委員会を支援する国民防衛委員会との対立が続いていたが、一九一五年に入ると両者の反目はさらに先鋭化した。同年の春に居住先のスイスからアメリカに渡ったパデレフスキは、国民防衛委員会の方針には反対であったが、激しく対立する在米の諸団体の融和に努め、その一方でポーランドへの募金のための演奏・講演活動を積極的におこない、またピアニストとしての名声によりウィルソン大統領をふくむアメリカ政界での人脈を広げることに成功した。翌一六年、ドイツが西部戦線のヴェルダン要塞攻防戦で多大な人的損害をだして兵員の徴募をポーランド地域に求めざるをえなくなり、十一月五日にポーランド国家の復活を約束した二皇帝宣言がだされた。この宣言は枢軸国側によるその後のポーランド独立案の基礎となったが、ドイツ軍当局の本音が新兵の徴募であるとわかると、暗礁に乗り上げた。ロシアも国際世論を考慮して、ニコライ二世の名で一九一六年十二月二十五日、枢軸国側の十一月五日宣言に対抗して「三つの地域をひとつにまとめた自由なポーランドの創設」を約束した命令を陸海軍部に通達した。連合国側に立って参戦する準備を進めていたアメリカ合衆国の大統領ウィルソンも、パデレフスキの働きかけが功を奏したこともあって、一九一七年一月二十二日の上院へのメッセージのなかで自由で統一したポーランドの再建に言及した。このように、交戦諸国双方の政治的軍事的思惑をこえて、ポーランド問題の重要性は国際世論の目に印象づけられていった。

しかし、このころにはオーストリア・ハンガリー帝国は国家的に解体寸前となり、ドイツの支えなくして枢軸諸国側の戦列は維持できなくなった。一九一七年三月、帝政ロシアが倒壊すると、ポーランドの独立諸勢力にとって主要な敵はドイツのみとなった。三月二十八日、ペトログラード労働者兵士ソヴィエトはポーランド独立を承認するアピールをポーランド国民に発し、その翌日臨時政府はこのアピールに基づいてロシアと自由な軍事同盟を維持する独立ポーランド国家の再建に同意する声明を発表した。ポーランド問題に関してイニシアティヴを握ったのはフランスであった。一九一七年六月五日、ポアンカレ大統領によってフランス国内でポーランド軍を編成する布告がだされた。ドモフスキがローザンヌで設立したポーランド国民委員会はのちにパリに移り、連合国によって正式にポーランド代表機関として認知を受けた。イギリスは海戦で苦戦し、ロシア軍も解体の危機に瀕しており、アメリカが参戦して西部戦線でドイツが勝利をおさめる見通しがなくなっても、東欧の運命はドイツが決定するとの考えはドイツ帝国の為政者には依然としてあった。ドイツは皇帝への忠誠宣誓を拒んだピウスツキを逮捕してマクデブルク要塞に拘禁し、ポーランド問題をそれほど重視しなかった。

一九一七年九月、ワルシャワで王国の執行機関として摂政会議が設立されたが、摂政会議はドイツの占領当局によって行政面で規制を受け、外交権は認められなかった。ドイツの占領当局はロシアから波及してくる革命の防壁としてウクライナとリトアニアのナショナリズムに期待しており、一九一七年十月にブレスト・リトフスクで開催されたソヴィエト・ロシアとの平和交渉の際にもポーランド問題を重視せず、摂政会議の首相ヤン・クハジェフスキにも参加の機会を与えなかった。ウクライナの穀物に多大な関心をもつ枢軸国側はウクライナの中央ラーダと個別に条約を結び、ヘウム地方とポドラシェ地方がウクライナへ割譲されたとき、ポーランド人政治指導部に動揺がはしった。一九一八年三月にブレスト・リトフスク講和条約が結ばれると、ポーランド問題はますます複雑さを増し、ドイツ側に立つことも、ソヴィエト・ロシアと連帯することもできない袋小路に陥った。

### 独立の達成

一九一八年七月、ドイツの西部戦線での敗北が決定的となり、アメリカの大統領ウィルソンは十四カ条からなる全般的な講和計画を宣言し、「ポーランド人の居住地域すべてをもって独立国家とする案」と「海への出口の保証」とが明記された。一方、枢軸国側でもオーストリアの新帝カールは帝国を諸民族の連邦国家に改造する案をもって講和に臨もうとしたが、ウィルソンはすでにチェコスロヴァキア国家の承認を既定事実としており、オーストリア・ハンガリー帝国が事実上終焉をむかえつつあるなかで一分割領としてポーランドがその枠組みにはいる可能性はなくなっていた。枢軸諸国に擁立された摂政会議も独立したポーランド機関になろうとしたが、諸勢力を統率するには力量不足であった。摂政会議を支持したのは国民民主党のみで、十月二十三日、ユゼフ・シフィエジンスキによる国民民主党政権が生まれたが、この政府は権力基盤がドイツの手中にあるかぎりポーランド社会の支持がえられず、十一月三日、摂政会議と国民民主党との不和から解散してしまった。

一九一八年十一月七日、王国ではルブリンでポーランド共和国臨時政府が設立された。この政府はポーランド軍事組織の司令官としてピウスツキのもとで活動していたエドヴァルト・リッツ＝シミグウィが独立ポーランドの軍事基盤を確保して成立可能となったもので、社会党のイグナツィ・ダシンスキが首相となり、社会党、農民党解放派、それに急進的な民主的知識人からなる連立政権として発足した。農民党ピャスト派のヴィトスは政権を支持し署名したものの、政府の左翼的傾向のゆえに参加をためらった。ルブリン政府は短命であったとはいえ、政府ができたという事実、そしてその宣言が急進的な社会変革を謳い上げていた点、すなわち八時間労働、森林の国有化、国会決議の優位、成年男女平等の選挙権と被選挙権、婦人のための平等な政治的諸権利等を保証したことで、その後の政治の展開に重要な意味をもった。十一月宣言がだされたことにより、摂政会議は機能しなくなり、いまや獄中のピウスツキの帰還が状況打開の鍵となった。ドイツ帝政が倒壊し、十一月十日、ピウスツキがワルシャワに帰還すると、ただちにポーランド人部隊の指揮権を掌握し、その軍事力を背景に社会党のイェンジェイ・モラチェフスキが首相に就任した。モラチェフスキはルブリン政府を継承し、十一月宣言の実行を主張し、ピウスツキが国会の召集まで臨時国家主席に就任するという布告がだされた。ピウスツキは軍隊の全権も手中に収め、かくしてポーランド国家が正式に回復されたのである。

YAMAKAWA SELECTION

ポーランド・バルト史《し》　上

2024年 7 月10日　第 1 版 1 刷　印刷
2024年 7 月20日　第 1 版 1 刷　発行

編著　伊《い》東《とう》孝《たか》之《ゆき》・井《い》内《のうち》敏《とし》夫《お》

発行者　野澤武史

発行所　株式会社山川出版社
〒101-0047 東京都千代田区内神田1-13-13
電話03(3293)8131(営業)8134(編集)
https://www.yamakawa.co.jp/

印刷所　株式会社太平印刷社

製本所　株式会社ブロケード
装幀　水戸部功

Printed in Japan ISBN978-4-634-42412-8

『新版　世界各国史第二〇　ポーランド・ウクライナ・バルト史』

一九九八年十二月　山川出版社刊

## 執筆者紹介(執筆順)

### 伊東 孝之　いとう たかゆき
1941年生まれ。東京大学大学院社会学研究科博士課程中退
北海道大学・早稲田大学名誉教授
主要著書：『ソ連圏諸国の内政と外交』(編，有斐閣 1986)，『東欧現代史』(共編著，有斐閣 1987)，『ポーランド現代史』(山川出版社 1988)
執筆担当：序章，第6章，第7章，第8章のポーランド

### 伊東 一郎　いとう いちろう
1949年生まれ。早稲田大学大学院博士課程中退
早稲田大学名誉教授
主要著書：『ガリツィアの森——ロシア東欧比較文化論集』(水声社 2019)，『ヨーロッパ民衆文化の想像力』(共著，言叢社 2013)，『マーシャは川を渡れない——文化の中のロシア民謡』(東洋書店 2001)，『スラヴ民族の歴史』(YAMAKAWA SELECTION，編著，山川出版社 2023)
執筆担当：第1章

### 井内 敏夫　いのうち としお
1947年生まれ。早稲田大学大学院文学研究科博士課程中退
早稲田大学名誉教授
主要著書・論文：『ポーランド民族の歴史』(共著，三省堂 1980)，「ジェチポスポリタ，あるいはポーランドにおける共和主義の伝統について」(『史観』 1991)，『ポーランド中近世史研究論集』(刀水書房 2022)
執筆担当：第2章

### 小山 哲　こやま さとし
1961年生まれ。京都大学大学院文学研究科博士後期課程研究指導認定
現在，京都大学大学院文学研究科教授
主要著書・論文：『ワルシャワ連盟協約(一五七三年)』(東洋書店 2013)，「ポーランドでひとはどのようにしてジャコバンになるのか——ユゼフ・パヴリコフスキの軌跡」(中澤達哉編『王のいる共和政——ジャコバン再考』岩波書店 2022)，「リトアニア・ポーランド支配の時代——十四〜十六世紀の近世ウクライナ地域」(黛秋津編『講義　ウクライナの歴史』山川出版社 2023)

執筆担当：第３章

早坂 真理　はやさか　まこと
1948年生まれ。北海道大学大学院文学研究科西洋史専攻単位取得退学
東京工業大学名誉教授(2020年逝去)
主要著書・訳書：『イスタンブル東方機関――ポーランドの亡命愛国者』(筑摩書房 1987)，『ウクライナ――歴史の復元を模索する』(リブロポート 1994)，『ベラルーシ――境界領域の歴史学』(彩流社 2013)，『リトアニア――歴史的伝統と国民形成の狭間』(彩流社 2017)，『近代ポーランド史の固有性と普遍性――跛行するネーション形成』(彩流社 2019)，『スラヴ東欧研究者の備忘録――フィールドノート断章』(彩流社 2020)
執筆担当：第４章，第５章

白木 太一　しらき　たいち
1959年生まれ。早稲田大学大学院文学研究科博士課程単位取得退学，博士(文学)
現在，大正大学文学部歴史学科教授
主要著書・論文：『近世ポーランド「共和国」の再建――四年議会と５月３日憲法への道』(彩流社 2005)，『[新版]一七九一年五月三日憲法』(ポーランド史叢書２)(群像社 2016)，「聖職者イグナツィ・クラシツキと18世紀後半のヴァルミア司教区」『鴨台史学』第９号(2009)，『現代ポーランド音楽の100年―シマノフスキからペンデレツキまで―』(ダヌータ・グヴィズダランカ著(共訳)，音楽之友社 2023)
執筆協力および担当：第４章

安井 教浩　やすい　みちひろ
1960年生まれ。明治大学大学院文学研究科博士後期課程中退
現在，常磐短期大学教授
主要著書：『ポーランド史論集』(共著，阪東宏編，三省堂 1996)，『ポーランド学を学ぶ人のために』(共著，渡辺克義編，世界思想社 2007)，『リガ条約』(群像社 2017)
執筆協力および担当：第５章

村田 郁夫　むらた　いくお
1938年生まれ。早稲田大学大学院文学研究科博士課程修了
東京経済大学名誉教授

主要著書・論文・訳書：『リトアニア語基礎1500語』(大学書林 1994)，「リトアニア語」(『言語学大辞典』第四巻下-2，三省堂 1992)，『どこにもないところからの手紙』(ジョナス・メカス著，書肆山田 2005)，『ジョナス・メカス詩集』(ジョナス・メカス著，書肆山田 2019)
執筆担当：第6章，第7章，第8章のリトアニア

重松 尚　しげまつ ひさし
1985年生まれ。東京大学大学院総合文化研究科博士後期課程修了，博士(学術)
現在，日本学術振興会特別研究員-CPD(国際競争力強化研究員)
主要著書・論文：「リトアニア臨時政府(1941年)——「抵抗」の歴史とその記憶」(橋本伸也編『せめぎあう中東欧・ロシアの歴史認識問題——ナチズムと社会主義の過去をめぐる葛藤』ミネルヴァ書房 2017)，「第二次世界大戦期におけるリトアニア人行動主義戦線(LAF)の対独協力」(高綱博文・門間卓也・関智英編『グレーゾーンと帝国——歴史修正主義を乗り越える生の営み』勉誠出版 2023)，「権威主義政権に対抗するファシズム体制構想——リトアニア人行動主義連合(LAS)の分析を中心に」(『国際政治』202 2021)
執筆協力および担当：第6章，第7章，第8章のリトアニア

志摩 園子　しま そのこ
1955年生まれ。津田塾大学大学院国際関係学研究科博士課程修了
現在，昭和女子大学人間社会学部特任教授，国際文化研究所所長
主要論文：「ラトヴィヤ共和国臨時政府の対外政策——1918-1920年」(日本国際政治学会，『国際政治』第96号 1991)，『環バルト海——地域協力のゆくえ』(百瀬宏・志摩園子・大島美穂編，岩波書店 1996)，『物語　バルト三国の歴史』(中央公論社 2004)，『変貌する権力政治と抵抗——国際関係学における地域』(共著，彩流社 2012)，『ラトヴィアを知るための47章』(編著，明石書店 2016)，『新型コロナ危機と欧州　EU・加盟10カ国と英国の対応』(共著，文眞堂 2021)
執筆担当：第6章，第7章，第8章のラトヴィア

小森 宏美　こもり ひろみ
1969年生まれ。早稲田大学大学院文学研究科博士課程単位取得退学
現在，早稲田大学教育・総合科学学術院教育学部教授
主要著書：『エストニアの政治と歴史認識』(三元社 2009)，「バルト三国の独立再考ーソ連解体への道程」(宇山智彦編『ロシア革命とソ

連の世紀　第5巻―越境する革命と民族』岩波書店 2017)，「自由，共和国，革命―バルト諸県の1905年革命」(中澤達哉編『王のいる共和政―ジャコバン再考』岩波書店 2022)
執筆担当：第6章，第7章，第8章のエストニア

# ■索　　引

## 人名索引

●アーオ

●カ―コ

●ター卜

●マーモ

●ラ―ロ・ワ

# 事項索引

●ア－オ

●カーコ

●サーソ

●タート

●マーモ

## ■図版引用一覧

●上巻

p.40——Jerzy Topolski (ed.), *Dzieje Gniezna*, Warszawa, Państwowe Wydawnictwo Naukowe, 1965. p.29

p.56下——絵はがき

p.153——Marcello Bacciarelli (1764), WIKIMEDIA COMMONS

●下巻

p.99——Katyń, Dokumenty Iudobójstwa, Warszawa, Instytut Studiów Politycznych, 1992. p.34